雪盦日記

袁崇霖 撰

國家圖書館出版社

圖書在版編目(CIP)數據

雪盦日記 / 袁崇霖撰. —北京:國家圖書館出版社,2020.4
(珍稀日記手札文獻叢刊)
ISBN 978 - 7 - 5013 - 6913 - 3

Ⅰ.①雪… Ⅱ.①袁… Ⅲ.①袁崇霖 - 日記 Ⅳ.①K827 = 6

中國版本圖書館 CIP 數據核字(2019)第 292072 號

書　　名　雪盦日記
著　　者　袁崇霖　撰
責任編輯　南江濤
封面設計　徐新狀

出版發行　國家圖書館出版社(北京市西城區文津街 7 號　100034)
(原書目文獻出版社　北京圖書館出版社)
010 - 66114536　63802249　nlcpress@ nlc. cn(郵購)
網　　址　http://www. nlcpress. com
印　　裝　北京華藝齋古籍印務有限公司
版次印次　2020 年 4 月第 1 版　2020 年 4 月第 1 次印刷

開　　本　787 × 1092(毫米)　1/16
印　　張　36
書　　號　ISBN 978 - 7 - 5013 - 6913 - 3
定　　價　680.00 圓

前　言

幾年前，爲出版『抗日戰爭史料叢刊』，我四處搜集史料。一個偶然的機會，同事南江濤告訴我，他在協助整理吴錫祺先生家的藏書時，發現有一函《雪盦日記》，涉及抗戰。我迫不及待地快速翻閱了電子版，頓感價值很大。經詢問吴先生，他欣然同意出版這部日記，使我們倍感鼓舞。

一、《雪盦日記》的作者

吴錫祺先生爲歷史學家、藏學家、文獻學家吴豐培哲嗣，該日記即爲吴豐培先生的舊藏。日記前有吴豐培先生所作之題記：

此書僅存六册，乃民國二十六年二月六日至十二月廿三日的日記，書題爲《雪盦日記》，不著撰人名氏。細審書中所記，作者名袁崇霖，字閏九，天津人，年約四十餘，京寓爛縵胡同37號張宅，家居均住天津南開附近。民國十五、六年間在河南代理河南省銀行總理，兼鄭州隴海火車貨捐局局長，廿六年任大興縣署秘書，事變後曾在維持會工作。

日記正當七七事變前後，頗記圍城和敵軍進城情況。書皮題禮、樂、射、御、書、數，似僅此六册。字體尚好，乃秘書之才。

根據吴先生之題記，該日記似由吴先生購得。日記所起於1937年2月6日，訖於同年12月22日（吴先生誤記爲12月23日）。經吴先生考訂，『作者名袁崇霖，字閏九』，然細檢全篇，并無記載顯示作者名『袁崇霖』。關於『閏九』，僅有一處記載：

> 赴琉璃廠兩明軒取定做之……所刻昌化小對章，因『袁潤九』三字陽文章，潤九兩字章法太怪劣，實不能用，當令其磨出重刻。（3月11日）

作者在琉璃廠所刻之印章爲『袁潤九』（吴先生誤作『閏九』），但不能斷定『潤九』是名還是字。作者十月三日之日記，有致友朋信札，自稱『霖才疏肆』，則依此可判定，作者名中應有『霖』字。吴先生如何考訂作者名中有『崇』字，實未可知。

然而以日記提供的基本綫索爲參照，考索此時期日記外的其他資料，可證作者名確實是『袁崇霖』。以下即根據日記所載，對作者的履歷進行梳理。

> 慰霖爲富家子，與予爲總角交，且又同校於放生院小學堂。（3月30日）

> 喬仲維到會相訪，十五年前鹽務署舊同事也……蓋民十一年由鹽署分袂後，從未謀面一次也。（12月

3日）

蓋當民十五、六年之間，余正在汴代理河南省銀行總理之職務，且兼鄭州隴海火車貨捐局長……（5月11日）

與李仙舟遇，談許久，仙舟自青島公安局分袂後，回津即服務於天津世界紅卍字會。（6月4日）

由日記所記可知，作者畢業於天津放生院小學堂，1922年在北洋政府之鹽務署任職，1926—1927年在河南開封任河南省銀行總理，兼鄭州隴海火車貨捐局。後任職於青島公安局（時間不詳）。1937年的經歷日記所載甚詳，3月底至七七事變爆發，任河北省大興縣縣長胡蘊璋之秘書，事變後任河北省各縣維持會（後改爲『行政委員會』）總務處秘書。

作者并非名人，甚至可以説是歷史上極小的人物，然而我們在晚清、民國時期出版的圖書、期刊、報紙、檔案中，亦可找到大量有價值的綫索，可印證或補充作者的部分履歷。

作者畢業於天津放生院小學堂。查天津《大公報》清末的記載，1907年8月29日『移款助賑』內有『放生院兩等官立小學堂學生袁崇霖等一百三十二名捐點心錢銅元六百六十枚』，1908年5月19日『高等各級學生會考揭曉』內有『高等第二年一學期第一名袁崇霖（放生院小學堂）』，1908年10月28日之啓事內有『放生院兩等官立小學堂學生袁崇霖等捐銅元八百六枚』的記録。天津放生院小學堂成立於1904年1月，是天津最早設立的十三所官立小學之一，作者入小學堂時名爲『袁崇霖』，成績優异。

出版時間不詳的《共和黨本部職員、支部職員黨員表》〔二〕附録之《直隸支部職員黨員表》，也有袁崇霖，字潤久，直隸人，住址爲天津如意庵西張家胡同等信息。共和黨成立於1912年5月9日，是立憲派爲適應袁世凱急欲組織最大政黨，用以對抗中國同盟會的需要而成立，由民社、統一黨等合併組成，黎元洪爲理事長，1913年5月又與民主黨、統一黨合併，組成進步党，成爲國會僅次於國民黨的第二大黨。袁崇霖1912—1913年間曾加入共和黨，於此亦可見其政治傾向。

作者1922年前後曾在鹽務署任職。查1920年出版之《鹽務署職員録》〔三〕，鹽務署秘書處有辦事員袁崇霖，字潤九，29歲，直隸天津人，委任日期爲1918年7月1日，住址爲西裱褙胡同池州會館。據日記所載，作者於1922年離職。

1926—1927年可謂作者最風光的時期，任河南省銀行總理，兼鄭州隴海火車貨捐局，『中年風順，身兼數差，每日杯酒常滿，坐上不空』。之後的履歷日記僅提及在青島公安局任過職，筆者未查到相關資料，然而在1932年出版的《國民政府公報》中，有關於『袁崇霖』的記載：

國民政府指令第一五五號（民國二十一年十月二十四日）

〔二〕《共和黨本部職員、支部職員黨員表》，出版時間不詳，第39頁。本文中涉及民國圖書，如無特殊説明，皆出自國家圖書館出版社開發的『中國歷史文獻總庫·民國圖書資料庫』。

〔三〕鹽務署編：《鹽務署職員録》，北平：鹽務署，民國九年（1920）鉛印本，第3頁。

呈據財政部呈爲安徽印花煙酒税局秘書趙公直、課長袁崇霖、冷德祥、朱復呈請辭職……〔一〕

公報中記載的袁崇霖，似乎即日記的作者，因爲其交際圈、謀職的範圍基本在税務、銀行系統（詳見後文）。1937 年作者從天津到北平謀職，後經友人介紹任河北省大興縣縣長秘書，七七事變後任職於河北省各縣維持會。河北省各縣維持會隸屬於北京維持會，1937 年 12 月 17 日因僞中華民國臨時政府的成立而解散。查 1938 年出版的《北京地方維持會報告書》，『本會地方行政委員會主席委員及職員一覽表』〔二〕有總務組主辦袁潤九。同年出版的《地方行政委員會會務紀要》，有總務組主辦袁潤九，『別號』欄標注爲『崇霖』，46 歲，河北天津人〔三〕。同組的主辦劉卓然，『別號』欄有『以字行』字樣。作者登記時既未注明『以字行』，則此時已用名袁潤九，別號『崇霖』。

關於作者姓名，最直接的證據是 3 月 27 日所記，此時作者甫任大興縣縣長秘書：

至文華齋刻牙章方，每字二角，鐫余別字，備縣府鈐蓋公文用，緣此次委令係用字也。

因作者明言『委令係用字』，因此纔需要新刻『鐫余別字』的牙章。若能查到相關任命的文書，作者的名字問題即可定案。然而筆者未在當時出版的《河北省政府公報》《冀察政務委員會公報》中找到大興縣的秘書、職

〔一〕《國民政府公報》（洛字第 43 號），國民政府文官處印鑄局印行，1932 年 12 月 26 日，第 11 頁。

〔二〕汪朝宗編：《北京地方維持會報告書》，民國二十七年（1938）鉛印本，第 38 頁。

〔三〕北京地方行政委員會編：《地方行政委員會會務紀要》，民國二十七年（1938）鉛印本，第 63 頁。

員任命的記録。作者十餘日前（尚未到大興縣任職）已刻有『袁潤九』小對章，此時又新刻牙章，『鎸余別字』，作爲『鈐蓋公文用』，則似乎當時已用名『袁潤九』，字『崇霖』。然而因小對章一般私用，不適合『鈐蓋公文用』，此種推斷仍不十分肯定〔一〕。

《地方行政委員會會務紀要》登記作者時年46歲，7月10日（陰曆六月初三日）的日記亦有『今日爲余46初度』的記載，依此可推斷作者生於光緒十七年（1891）陰曆六月初三日。

日記至1937年底結束，此時維持會已解散。根據日記所載，作者正四處請托，雖然自認『極少希望』，但仍擬在河北省銀行謀一職。查1938年出版的《河北省銀行職員録》，天津二等分行經理爲袁潤九，年齡42歲，籍貫河北天津，1938年1月到行，通信處爲天津特別一區17號路積餘里7號〔二〕。袁潤九并兼任總行稽核室稽核〔三〕。此處明顯年齡有誤，應爲46歲，不知是編校錯誤，還是作者有意爲之。

更確切的信息來自當時出版的報紙，《晨報》1938年1月12日有《河北省銀行天津分行經理袁潤九接任》的報導：

河北省銀行總理王荷舫，接事以來，對於行務積極整頓，近以天津分行關係重要，前任經理辭職，王總

〔一〕有關日記中的印章問題，感謝中國社科院近代史研究所卞修躍編審、馬忠文研究員的提示。
〔二〕河北省銀行總行總務科編：《河北省銀行職員録》，民國二十七年（1938）鉛印本，第51頁。
〔三〕河北省銀行總行總務科編：《河北省銀行職員録》，民國二十七年（1938）鉛印本，第9頁。

理延聘前充河南、湖南等省之銀行總理及歷任財政界要職之袁潤九氏接任，已於前日到行就職，聞袁氏對於發展行務計畫，已籌擬妥善逐漸施行云。〔一〕

這則報導不僅提供了袁潤九於 1938 年 1 月 10 日到任的信息，還介紹了他『前充河南、湖南等省之銀行總理及歷任財政界要職』的履歷。其中曾任湖南省銀行總理職務，爲前文所未提及，至於『歷任財政界要職』，則明顯有自夸之嫌，袁氏僅是在北京政府鹽務署任過四年的辦事員。

天津市檔案館存有與袁潤九有關的檔案三件，其中兩件爲作者任天津分行經理時商業合同在天津市地方法院及檢察處的備案，備案時間都是 1938 年 11 月 23 日，內容分别是《河北省銀行天津分行袁潤九、怡和斗店新記張瀛洲備案》〔二〕《河北省銀行天津分行袁潤九、德勝貨棧李筱良聲請備案》〔三〕，備案時年齡爲 47 歲。查此時期河北省銀行天津分行的相關檔案，1939 年 3 月 8 日前袁潤九還在任，分行文書有所鈐『潤九』印。之後因鈐印改爲『河北省銀行天津分行經理』，未用個人印，無法確定是否還在分行任職。1940 年 2 月出版的《中外經濟統計彙報》第 1 卷第 2 期，在《天津市銀行一覽表》裏，也有關於袁潤九任職的記載〔四〕，考慮到表格信息搜集

〔一〕《河北省銀行天津分行經理袁潤九接任》，《晨報》1938 年 1 月 12 日，第 4 版。以下各報皆出自國家圖書館出版社開發的『中國歷史文獻總庫・近代報紙資料庫』。

〔二〕《河北省銀行天津分行袁潤九、怡和斗店新記張瀛洲備案》，天津檔案館，檔案號 401206800－J0044－2－044103。

〔三〕《河北省銀行天津分行袁潤九、德勝貨棧李筱良聲請備案》，天津檔案館，檔案號 401206800－J0044－2－043833。

〔四〕《天津市銀行一覽表》，見《中外經濟統計彙報》（中國聯合準備銀行總行編）1940 年第 1 卷第 2 期，第 17 頁。

到雜誌出版有一定的時間間隔，則袁潤九於1939年底至1940年初，似乎尚在任。

天津檔案館還存有1941年6月備案的文書《潤德堂袁潤九、毅然堂趙玉海、世洪堂袁柏甫、懷遠堂王紹詮申請分撥退夥備案》〔二〕，其中備案人之一的袁潤九，51歲，通信地址爲法租界二號路25號通益公司。備案合約如下：

立分撥字據，潤德堂袁、毅然堂趙、世洪堂袁、懷遠堂王，前於民國廿九年正月初六日共同設立通益公字號，計共股本洋貳萬元，四股，各占伍仟元，聘由王紹詮爲經理，兹因生意虧累，内部改組，潤德堂袁及懷遠堂王無力繼續營業，已分别於成立分撥之日，眼同各方及見證人，將應攤賠款及長支計潤德堂袁捌百元、懷遠堂王五仟壹拾九元七角九分，交付通益公由毅然堂趙、世洪堂袁收訖，繼續營業。原有欠内欠外各款，概由毅然堂趙、世洪堂袁兩户負擔全責，同時撤退王紹詮經理之職，由袁柏甫任當經理，舊有圖章照舊蓋用。舊賬一概作廢，另立新賬，毅然堂趙、世洪堂袁兩户對於營業，日後不論興衰盈虧及舊有欠外債款是否還清，概由其兩户負擔全責，與潤德堂袁、懷遠堂王無關，除將舊日訂立之合同眼同中證人銷毀，由毅然堂趙、世洪堂袁函達各債權人表明，對於通益公一切責任承擔，與潤德堂袁、懷遠堂王兩户脱離關係，特立此分撥字據五帋，各方執一份，見證人保存一份，以爲日後憑證，專約另繕此分，耑爲法院備案之用。

〔二〕《潤德堂袁潤九、毅然堂趙玉海、世洪堂袁柏甫、懷遠堂王紹詮申請分撥退夥備案》，天津檔案館，檔案號 01206800－J0044－2－055283。

中友人： 張子彬

見證人律師： 趙鋼

立分撥字據人： 潤澤堂袁、毅然堂趙、世洪堂袁、懷遠堂王

中華民國卅年五月二十八日立

這是筆者能查到的關於袁崇霖或袁潤九的最後記録，合約中的『袁柏甫』爲作者之侄，日記中多次提及，1937 年尚在興隆洋行任職。根據合約的描述，通益公字號由袁潤九、袁柏甫等四人合夥成立於 1940 年正月初六，各占股本 5000 元，後因虧損，無力經營，袁潤九及王紹詮退出，袁攤賠款 800 元。1940 年起作者是否仍在河北省銀行天津分行任職，尚不能確定，之後的情況，更是不得而知。

二、《雪盦日記》的價值

正如吴豐培先生所言，《雪盦日記》的價值，突出體現在『日記正當七七事變前後，頗記圍城和敵軍進城情況』。七七事變的爆發是全面抗日戰爭的開始，而這一重要歷史時刻親歷者的日記却較少被發現。據筆者目力所及，僅董毅之《北平日記》較爲詳細。作者是北平淪陷時期輔仁大學國文系的一位青年學生，記録的時間段爲 1938 年 4 月 11 日至 1943 年 12 月 15 日。然而此日記始於 1938 年，主要記載淪陷區的生活，而不是 1937 年

七七事變時的經歷。沈從文先生1946年發表於上海《大公報》上的文章《憶北平》〔二〕，對事變時普通民衆的反應也有一段不足千字的回憶。相較而言，《雪盦日記》的作者事變時任大興縣縣長秘書，常往返於北平與大興之間，大興縣又與事變爆發的中心宛平縣相鄰，故記載事變的過程甚爲詳細。

作者於7月8日上午十時聽説昨夜盧溝橋方向炮聲不絶，因胡縣長未到縣署辦公，他立即命令嚴加防範，特別避免羈押犯人逃脱，并將公款、印信妥爲存放。下午五時進城，見永定門外人車擁塞，城内亦然。晚七時又聞炮聲隆隆，八時乃止，『市中八時戒嚴，員警傳知住户上門，終夜尚安靖』。作者居住在北平城内，但因有公務在身，常往返於北平與大興之間，因此記載親見之城内駐防、城門開關、難民涌入、城外戰况甚詳。大興縣因與宛平相鄰，十分危險，胡縣長從二十九軍軍部借來子彈，後又有一營步兵前來防守，并趕築工事。7月13日，大興縣署附近之大紅門爆發戰事，作者『避立室中牆角，槍彈亂飛達十餘分始止』，後在縣府附近的民房暫避，度過了驚心動魄的一夜。此後作者主要居住在北平城内，每日聽聞郊外之槍炮聲，以及盤旋於北平上空之日機的轟鳴聲，打聽消息的渠道主要是通過閱讀北平發行的各主要報紙、日本飛機散發的天津報紙以及聽無綫電。期間有關戰和的報導不定，我軍勝敗的消息時有傳來，作者之心情亦隨之跌宕起伏。而此時與天津家人的通信已然斷絶，報載天津寓所附近被轟炸，作者心急如焚，至平津淪陷後通信恢復，方知未受波及，如釋重負。

〔二〕沈從文：《憶北平》，發表於1946年8月4日上海《大公報》。

作者對事變後自身經歷的描述，讀來讓人身臨其境，也有一些細節值得注意。七七事變是全面抗戰的開始，然而從當時各報的報導和評論來看，事變似乎是此前屢次爆發之中日軍事衝突的延續，時和時戰，『漸有和平解決之途徑等語』，這無疑對北平市民對和戰的判斷産生了一定的影響。作者7月11日進城，好友李楚卿即邀請其到新新戲院看戲；二十九軍戰敗後，8月1日作者赴郭仰宗宅，發現對方正在打麻將，作者也感慨『如此時局，尚能安閒若此，真不可及也』。事變後和戰的反復以及輿論的反應，是值得注意的問題。

《雪盦日記》的另一個重要史料價值，是詳細地記載了河北省各縣維持會的活動。河北省各縣維持會隸屬於北京地方維持會（後改名爲『北京地方行政委員會』），其活動有事變後出版的《北平市地方維持會各項章則文告》〔一〕《北京地方維持會會議録》〔二〕《北京地方維持會報告書》《地方行政委員會會務紀要》《臨時財政總監理處報告書》〔三〕《盧溝橋事變後北京治安紀要》〔四〕等書可資參考。然而這些文獻都是官樣文章，粉飾之語多，且以北京地方維持會爲主，涉及河北省各縣維持會的内容極少。當時國統區的期刊對河北省各縣維持會有簡短的評論：

潘（毓桂）把持著北平的維持會，張（壁）欲以河北各縣維持會抵制之。但是倭寇方面對於潘五兒特别

〔一〕北平市地方維持會編：《北平市地方維持會各項章則文告》，出版時間不詳，從内容推斷應出版於1937年底。

〔二〕北京地方維持會編：《北京地方維持會會議録》，出版時間不詳，從内容推斷應出版於1938年初。

〔三〕北京地方維持會臨時財政總監理處編：《臨時財政總監理處報告書》，民國二十七年（1938）1月鉛印本。

〔四〕潘毓桂：《盧溝橋事變後北京治安紀要》，民國二十六年（1937）鉛印本。

信任，强抑河北維持會隸屬於北平維持會之下，更名曰『河北行政委員會』。所謂『河北行政委員會』，内分三處：總務處、政務處與監察處。委員盡係小人模範，有白浣亭、寧燮揚、黎雅亭、朱西苓、魏子丹、劉宇民等。各縣的維持會由『行政委員會』禀呈日本特務機關，也先後成立了專司，爲日本採買、征夫、輸送、偵探軍情、清查户口，無异供給倭寇之支應局。〔一〕

相較之下，《雪盦日記》對河北各縣維持會的記載就詳細得多：

關於人員。『該會由河北各縣留平富紳鉅賈等組織而成』，其中常委白浣亭、王鶴年是作者的舊識，秘書、幹事均爲委任，發委任令，儼然一副行政機構的做派。白浣亭『人極滑，不負責任，諸事無不推諉，且年事已高，精神不敷應用，每日議場報告、提議各案紛如亂絲，散會後所議所决茫無頭緒』。朱西苓把持秘書處，排斥异己，對作者到秘書處任職消極抵制。總務組張希天以職員領袖自居，『於金錢似極注意』。

關於機構。各縣鎮所設分會，原名河北省地方維持聯合會某處分會，日本顧問建議改稱某處地方維持會，不用分會字樣。大興縣分會推薦繼任的大興縣長，日本顧問不以爲然，『要求不得再有干涉行政之舉也』。

關於經費。維持會成立時由冀察政委會撥付開辦費3000元，會内擬定的預算爲每月經常費5000元，特别費3000元，合計8000元，後秉承日本顧問的意旨改爲1500元，秘書二人，每人每月50元，日文秘書一人，每月

〔一〕老向：《華北永遠是我們的》，《戰地通訊》1938年第14期，第9頁。

60元。總務處幹事三人，每人每月30元。經費頗拮据，職員之薪水經常拖欠。

關於會務亂象。維持會不受各方面的重視，内部『一切雜亂無章，毫無秩序，常務委員十四人多屬未厭人物，而辦事職員亦屬人品不齊，擾攘紛亂三月之久，怪現百出』。開會時發言無序，『委員間互有意見，言外不免時露弦外之音，甚且明言攻擊，此種情形，魏子丹尤甚』。白浣亭無行政經驗，毫無頭緒。改組爲行政委員會前，各委員即多日不出席常會，『各爲其個人前途在外活動』，内定後『落選諸人仍在努力運動』。行政委員會即將解散時，『各委員亦個個喪氣遊魂，有若失了父母的嬰兒』，但是仍『到處鑽營，朱（西苓）、寧（夔揚）尤甚』。

關於媚日行徑。維持會完全被日本顧問所控制，『議席上顧問均有不滿表示，且對常委有不客氣訓飭』。白浣亭以日本顧問『濱本爲靠山』，極盡巴結之能事。他還送日本川岸中將七言詩一絶云：『不妄殺人良藥方，視民疾苦果如傷。長辛店外旌旗舞，如見當年武惠王。』將之比喻爲『不妄殺一人』的曹彬。日軍占領保定後，『當場即有某常委提議由本會通函各分會慶祝，其他常委亦不敢有异議，主席遂想一滑頭辦法，改用電話通知，以免形之公牘』。

《雪盦日記》以親歷者的所見所聞，詳細記録了河北省維持會的内部運作、權力傾軋、媚日行徑，是進行僞政權研究極爲重要的資料。該日記的獨特價值，還在於記録了一個底層公務人員淪落爲『漢奸』的過程。作者在日記中雖未深入披露心迹，但是我們仍可窺見其從參加維持會之初民族氣節尚存，到爲謀生而合作的過程。

8月10日，作者看到報載『高五爺』（高凌蔚）任天津維持會委員長，各屬局正在派人組織，趕緊與好友宋旭初（天津鹽商，與高凌蔚關係密切）『寫一快信，托其預爲道地』。11日，與大興縣署同事劉敏齋、崔景南，奉縣長胡蘊璋之命與大興紳士討論合組維持會。8月12日閱《北晨晚報》，獲悉河北省各縣地方維持聯合會已於10日成立，舊識劉宇民、王鶴年、白浣亭等爲委員，於是次日往拜，并答應『既屬河北省人，理應稍盡義務』。在今人看來，維持會爲『日本侵略者在中國淪陷區内利用漢奸建立的地方傀儡組織』，『其任務是爲侵略者實現「以華制華」「分而治之」服務，華北臨時政府成立後，各地的維持會陸續被接收』[一]，然而我們從日記所載，看不到作者對這一機構的排斥和反感，反而是托人在天津維持會謀職，并且很樂意參加河北省維持會。他對維持會的這種積極的態度，是因爲想與日軍合作而獲取官位，或者他本身就親日、媚日嗎？最起碼在加入維持會之始，作者并不是這樣認爲的。

報載白浣亭説明成立維持會的宗旨爲『注重救濟各縣被難人民，如一方補救食糧之缺乏，一方使棄田禾而逃往四方之農民急速返家，以備秋收之農作』，作者認爲『此即所謂治標治本、雙管齊下者也』。聽聞維持會内秘書、幹事都發委任令，作者認爲『殊非所宜』，因爲『維持會既非行政機關，辦事人又爲救濟災難而任事，應一律函聘，不應弄此官僚氣派也』。

聽説維持會秘書處被朱西苓把持，排斥异己，對其加入秘書處『似有消極抵制』之意，作者曾發過一番

[一] 熊月之等編著：《大辭海・中國近現代史卷》，上海辭書出版社2013年版，第483頁。

感慨：

歸後，尋思冀地方維持會原屬以地方人士辦理地方救濟事業，凡屬在會人士，均爲桑梓盡些許義務而來，既非争權奪利之處，亦非升官發財之所，尚何把持排斥之有。今該會竟出現此種敗類，發生此項怪像，其人非漢奸國賊，即屬毫無心肝，悲憤之餘，不禁爲國家前途痛心。（8月24日）

作者因朱西苓的『排斥异己』而悲憤，大罵其爲『漢奸國賊』，并且『爲國家前途痛心』，其原因就在於認爲維持會是『以地方人士辦理地方救濟事業』。所以次日『一再思索維持會内幕複雜，分子不純，已决計不再參加，以免睹此預作亡國奴者之怪狀』。那麽，如果誠心在維持會『辦理地方維持、救濟事業』，就不是『預作亡國奴者』？他對維持會的這種看法，其實并不是個例，國民政府任命的大興縣長胡藴璋（後化装逃離北平），也委托下屬任縣署之代表，與地方士紳合組維持會，『表示縣府有人員負責』。這種對維持會相當正面的看法，在當時具有一定的歷史原因和民意基礎，學界對此點似乎缺少足夠的關注。

維持會出現於九一八事變之前，不僅僅與日軍侵華相關。民國時期，各地戰争頻仍，政權更迭頻繁，而每一次政權更迭、軍隊换防的無政府狀態，都會造成謡言紛起、市面不平、治安不靖，因此都需要地方商會、士紳等知名人物和社會團體組織維持會，暫作過渡。北京較具代表性，因爲係北洋政府的首都所在，它是各方軍事、政治力量争奪的重點。1922 年第一次直奉戰争爆發，就有《請組織北京治安維持會》的報導〔一〕。同年 5 月 1 日，順直省議會議員白常文（即日記中的維持會會長兼總務處長白浣亭）等鑒於直奉戰争時兩軍密布各縣，成立了『京兆地方秩序維持會』。1925 年 11 月因『近畿軍隊移動防務』，北京士紳發起成立『北京市民治安維持會』。1926 年 4 月，因馮玉祥之國民軍從北京撤退，北京成立了『京畿治安和平維持會』，公推王士珍爲理事長〔二〕，之後又因京師連日謡言甚盛，另組『京師臨時治安維持會』，『專力於維持治安，不問政治軍事』〔三〕。京兆也成立了『京兆公安維持會』，宣言京兆人治京兆〔四〕。1928 年 6 月 5 日，因國民革命軍北伐，奉軍戰敗從北京撤退，北京成立又『治安維持會』，吴炳湘暫代員警總監〔五〕。

北京如此，各地亦然。廈門、無錫、蘇州、柳州等地，都因軍閥混戰而成立過維持會。北伐時期，武昌、南京因受戰争衝擊，兩地士紳也先後成立治安維持會或地方維持會。與日本相關而成立維持會，有五三慘案期間濟南成立的治安維持會，九一八事變後東北各地在日本的控制下成立了維持會，一·二八抗戰時上海成立的上海市民地方維持會。其中後者支援十九路軍的抗戰，在當時廣受讚譽。

〔一〕《京報》1922 年 4 月 13 日，第 2 版。
〔二〕《治安維持會昨開會》，《晨報》1926 年 4 月 5 日，第 6 版。
〔三〕《王士珍等另組治安維持會，容納孫學仕等之請求》，《社會日報（北京）》1926 年 4 月 13 日，第 4 版。另載『王寵惠起草簡章，因北京有許多僑民皆在該會維持之下，必有與之交涉之件。擬挽王寵惠、顔惠慶兩人專任一切交涉之責，該會期限，至大局底定時爲止云』。
〔四〕《京兆公安維持會，宣言京兆人治京兆》，《社會日報（北京）》1926 年 4 月 17 日，第 4 版。
〔五〕《治安維持會昨日成立，已在煙酒署開始辦公，吴炳湘暫代員警總監》，《晨報》1928 年 6 月 5 日，第 3 版。

抗戰結束後，維持會仍然存在。二戰末期蘇軍進入東北對日作戰，日僞政權瓦解，各地也紛紛組織維持會，并與蘇軍聯絡。1949 年國民黨軍隊撤離南京、上海後，兩地也先後成立了維持會，并對解放軍的軍事管理進行配合。

維持會不是抗戰期間的獨有機構，也不全是僞政權，而是地方士紳等知名人士在無政府狀態下成立的自治機構，經費由民間籌措，負責維持治安、救濟撫恤，并『支應』各種征派。它衹是臨時機構，待政府成立後即宣告解散。正如《黑龍江省城臨時治安維持會簡章》所公布的：

> 一、本會爲維持省城地方人民生命安全而設。二、本會係臨時性質，俟地方主宰有人，即自行解散。三、本會維持衹限於省城地面。四、本會係由紳商合組，公推素有名望者若干人，分擔各項事務。五、本會經費，由在會人自行捐助。六、本會如救濟貧民、保衛地方各事，應需經費，臨時籌措。七、凡涉及政治、軍事事項，本會概不預聞。[一]

九一八事變後成立『黑龍江省城臨時治安維持會』，是日本扶持的僞機構無疑，然而其公布的維持會簡章，却反映的當時對『維持會』職能的普遍看法。1930 年代華北地區戰爭頻仍，過路大軍、駐軍徵派頻繁，『維持會』也逐漸由無政府狀態下的臨時機構，而成爲有政府存在時專司攤派應付的常設機構。它避免了軍隊直接徵派，

[一] 何新吾、徐正學編：《東北現狀》，東北研究社，民國二十二年（1933）鉛印本，第 176 頁。

便於與未駐軍地區分攤，由各地公推代表組成。甚至土匪占據市鎮，也都是由『維持會』出面招待，避免受更大的損失。而戰亂時期出面維持地方秩序，支應各種力量，有時候甚至要付出生命的代價，當時的報紙有過報導。然而，『維持會』因爲具有臨時政權的屬性，可以委派官吏、徵收賦税，并可以處理舊政權之財税收入，特别是在存在時間較長，又能夠與新政權産生關聯的時期，它往往又成爲民間實力派争奪、控制的對象。而侵華日軍正是利用這一點，在占領區域大力扶持各種維持會，籠絡地方實力派，并將之納入控制之中，以致於維持會幾乎成了僞機構的代名詞。因此，1933 年 5 月，河北省黨部曾諮請河北省政府通令各縣查禁地方維持會：

據報，本省三河、薊縣、平谷等縣，現因日軍由灤東節節推進，地方行政長官，有將支應局，改爲地方維持會，冀日人到境，得以倖免危險者。查地方維持會之組織，原爲維持秩序，用意固善，惟自九一八事變以來，日人嗾使漢奸，利用此項組織，爲僞造民意，逢迎日人之機關，相習成風，各地皆然，事實上已成漢奸之集團，失其組織之原意。即使需要此項團體，亦應於地方無人負責之際組織之，何得在地方長官未離職以前，即有此項組織。且支應局爲支應軍需，接濟軍實而設，改支應局爲維持會，尤屬名不符實，心存叵測。玆本省各縣之組織此項團體者，縱使其確係爲地方、爲人民而組織，亦易使民氣銷沉，漢奸藉以活動。若不嚴予取締，各縣紛紛效尤，敵未至而膽已寒，國未亡而心已變，其何以收長期抵抗之實效。除函河北省政府，轉令各縣政府，嚴予取締外，合行令仰遵照，各該縣已有此項團體，應向縣政府接洽解散。如無此項團

體，應防止此項團體之組織，此令。〔一〕

然而此項命令似乎未得到認真執行，雖有部分縣取消維持會的報導，這一機構在當時仍大量存在。也就是説，維持會作爲『民意機構』，本身并無問題，組織者之動機是否『純正』，是爲了救濟難民、維持秩序，還是爲個人權力、服務侵略者，這纔是問題所在。

《雪盦日記》的作者正是在這一背景之下加入維持會的，他對這一機構并無排斥，認爲是『爲桑梓盡些許義務而來』，所以發現『内幕複雜，份子不純』時頗爲猶豫，自稱因爲是好友相邀，所以纔虚與委蛇。北京維持會解散後，日本顧問粟屋表示，河北行政委員會直接向日本特務機關請示，他認爲『日本人可以如此説，中國委員不可如此作，否則行政委員會不免有失中國機關立場耳。但默察委員中，頗有不少欲依仗日人勢力争權戀位不擇手段者』。但是，如果據此就認爲作者加入維持會是爲了盡義務，立場鮮明，那就會失之偏頗。

維持會因故遲發車馬費，作者牢騷滿腹，認爲既然對於辦事人員下了委任狀，那就不是名譽職務，不能『令人純盡義務』。白浣亭贈送七言詩給日本川岸中將，恬不知恥地將之比喻爲『不妄殺一人』的曹彬，作者『代爲推敲，略易數字』。白浣亭又贈詩給日本顧問濱本，極盡恭維之能事，作者却認爲『詩雖不甚工，但立言尚得體，較之恭維拍馬一類文字，差勝一籌耳』，毫無立場可言。聽説『某方』已委任新的大興縣長後，他認爲胡縣長『對

〔一〕《省黨部諮省府通令各縣查禁地方維持會之怪組織，易使民氣銷沈漢奸藉以活動，敵未至膽已寒國未亡心已變》，《京報》1933 年 5 月 22 日，第 6 版。

縣事似仍優遊寡斷，『一誤到底』，意即胡縣長未積極組織維持會，以保有縣長一職。他諷刺維持會委員們各爲前途奔競鑽營，實則自己對出任大漢奸高凌蔚手下的縣長并不排斥，更想在天津維持會或天津市政府謀一個職位，并拜訪了高凌蔚。

從大罵别人是漢奸、動機不純，到自己也淪落爲漢奸，作者的這一轉變，與其出身、經歷、交際圈都有一定的關聯。作者出生於北洋重鎮天津，1912 年曾加入擁護袁世凱的共和黨。他 1918 年能夠入職鹽務署，可能與其家族或『世業鹽商』而『有數世通家之好』的天津宋旭初家族有關；1926 年能夠代理河南省銀行總理兼鄭州隴海火車貨捐局局長，也可能與直系吴佩孚統治河南相關，離職也可能與吴佩孚從河南敗退有關。北洋時期是作者最爲風光的時期，這也映襯了他在南京國民政府時期的落魄，『昔時薄縣知事而不幹，今日任縣政府一秘書，回首前塵，令人不禁今昔之感』，事變後的 8 月 3 日，更是感慨『個人前途、職業毫無光明途徑』，寢食難安。

我們通過日記可知，作者的核心圈子集中在京津兩地，尤其是天津，主要通過摯友、鹽商宋旭初謀職。宋『世業鹽商』，與地方顯貴聯繫密切，且『好與下臺之達官貴人豪賭』，作者擬在天津維持會謀職，即是通過宋旭初聯絡高凌蔚。北平則是通過李楚卿，諸事多在李宅謀劃，能夠出任大興縣長秘書，也是由於李楚卿的推薦。可以説，作者具有較强烈的北洋背景，北洋的失勢是其落魄的重要原因，而事變後北洋失意政客的『復出』，也爲他擺脱『事業』和經濟的困窘提供了條件。北洋集團對南京國民政府向來疏離，地域觀念强，事變後也幾乎整體投日，作者雖是極小的人物，然而作爲圈内之人，最後選擇了隨波逐流，不由得讓人感慨。

除上述各點之外，《雪盦日記》還大量記載了平津兩地的民俗、物價、文物市場情況，反映了一個北洋舊人、底層公務人員的日常生活，對相關研究具有一定的參考價值，在此不再贅言。

最後，真誠地感謝吴錫祺先生熱心學術、無私奉獻的情懷。他於今年將《雪盦日記》等一批珍貴文獻捐入蘇州博物館，化私爲公。蘇州博物館又配合吴先生，認真整理入藏文獻，并以最快速度將這部日記公之於衆。對吴先生和蘇州博物館所做的前期工作，深表謝意！

李　强

二〇一九年十月

目録

此書僅存六册乃民國廿五年二月六日至十二月廿三日的日記也，題為雪盦日記、不著撰人名氏，細審書中所記，作者名袁霖字潤九，天津人，年約四十餘，京寓爛缦胡同37號住宅、家居均住天津南開附近、民國十五六年間在河南代理河南省銀行總理兼鄭州隴海火車貨捐局局長、廿六年任大興稅署秘書、事變後舊在維持會工作

日記正當七七事變前后、頗記國軍情況和敵軍進城情況。

書後題禮、樂、射、御、書、數，似僅此六册。

字體尚好、乃秘書之才

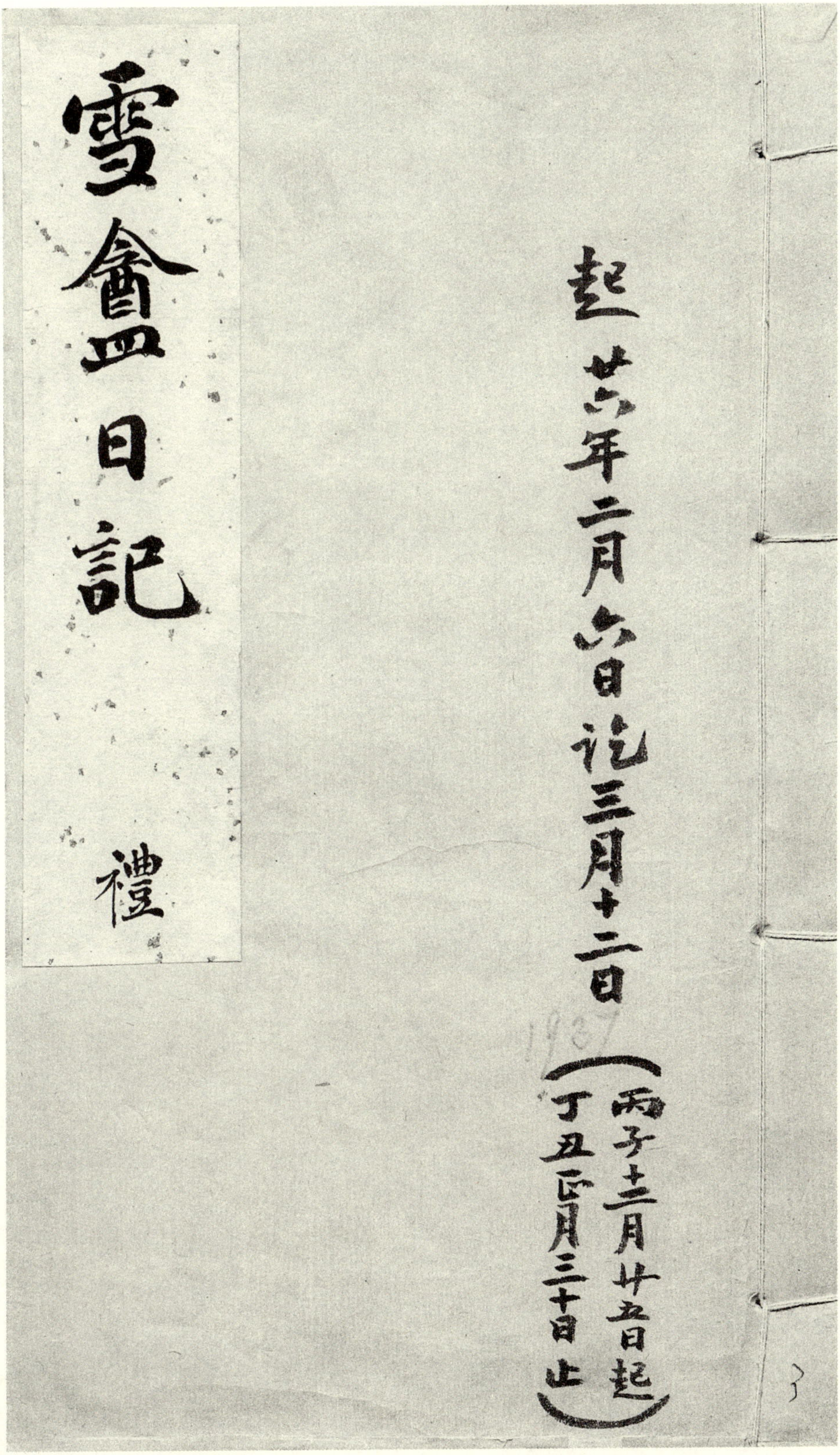

雪盦日記

禮

起廿六年二月廿六日訖三月十二日

1937

（丙子十二月廿五日起
丁丑正月三十日止）

廿六年二月六日　陰曆十二月廿五日星期六

晴暖。十时起。高表妹派人送鲜花一担，计梅花一對，水仙六頭，螃蟹廿四頭，直箭廿兩頭，又小頭廿兩，小盆海棠一对，洋绣球一对。秀峰表妹生西鄉楊莊，種菜園為業，每至年終並養水仙販賣為副業，近年以來每屆歲暮即以此贈送鮮花數種，已成慣例。水仙係為自育，其他梅花等花另向本鄉花厰採買而

來函即面送樣羊肉約三四斤並資報桃肉
今年（陰曆）水仙花行市較往歲為昂昨去
東馬路花廠詢問每一元只買四頭較之前昨
兩年市價約差一倍此項花卉純為新年
春節住宅商號點綴陳列之物完全屬
於奢侈品每年銷數多寡價值低昂大
抵以年歲豐歉市面盈虛為轉移今年
地方安謐各業均有盈無虧故此項

鮮花價值皆昂，即且頗為踴躍爭先，業安均
無不利市三倍。五午時洗以仙出發，多益忙甚，七點
多時，四時赴宋地河宅，據告劉子昨晉京未歸
反面，至代為調查宅稅節略一紙，交地政赴
高澤畬總理宅，為其夫人視疾，堅留余晚其
宅晚飯，飯後與其二公子暢談其學業事，始知其
公子學識造就甚佳，現肄業法商學院本
年暑假即可畢業，業後擬東渡留學，以

天風文齋箋紙局製

既仍造宋氏世業鳞，方与余家数世通家之好，
知其家世甚詳。盖天津塩商子弟大都均染
纨袴習氣頗深，從來甚少有肆力于学問以求自立
者。宋氏数世毋少讀书毋会見地，初之二世
兄重硕之术学志在学成服务社会，识者
凤毛麟角之后，贵而從土且改换門風，实
至钦慰。九时殊慕殊已先来，知柏南于七时回
津，送来由北平带来瓜子、蜜食等物。慕殊

并賬還洋元十时後整理書櫃一时半寢
濯足就寢終〃未得展卷

二月七日 陰曆十二月廿六 星期日

晴十一时起早點後洗水仙一时半午飯食昨晚栢甫婦由平帶来之羊肉片涮鍋子因时逢立春羊肉〃有膻味據北平人言此味只能在立春節以前食之方宜一逾立春節其味便差現已過立春故〃且近日氣候又異常暖和蓋信所言不謬耳

天風[illegible]

三时后柏甫来余率宏儿赴官银號买花
购直箭水仙四头螃蟹形共两頭價均每頭二
角又购紫玫瑰花一盆二角五分小文竹两盆一角
又购唐山瓷瓶供盘五個一元一角日本料绿色供
盘五個八角令宏儿雇人力車載歸余又至友
銀號菜市巡視一徧無所买共六歸时冷風忽作
刺人如削五时往五家知宋地祀儿已派其花匠
送来葉下红一对螃蟹水仙四頭直箭水仙两盆
又名地竹盖形如天竹耳

似觉水仙今年较多連昨日高俊峯袁珠及今日
也初见所送再加余今日又自购球头合计不下廿
株头足敷赏玩晚饭前后整理水花忙碌多
时甚觉疲劳然藉此亦可遣闷释忧今日又
未展卷晚饭后披阅报章陕西和平日见進步中
央军二日内即可開入西安一时许就寝
二月八日 阴历十二月廿七日 星期一
阴家人终日忙碌赶办新年 午後四时正出

門訪劉子明，因與張宅送水仙，致與兩人嘔氣，
未出門。晚飯亦未進，十點鐘即寢。

二月九日　陰曆十二月廿八日　星期二

陰。降雪約五點鐘後乃止。終日鬱氣不得伸，胸
悶不能食，亦無興趣辦理年事。晚勉振精
神出門至息游別墅接洽事，至法界文華齋
代仲遠定刻石章五方，該號以歲暮年迫不
能再收刻件，經與磋商久之，始允收下，并堅要

該鑼呼刻件，訪於昨日繕交刻印家周與九收訖，以彼趕於明正初七日刻訖。又至勸業場、天祥市場巡視一周，擬購大紅摹緞文綉，因嫌價昂未購。乘電車至東馬路一帶鋪購粉紅帶、藍絨。又在東門臉購鮮乾供品數事。十時歸，收拾書案書櫥。二時始寢。

二月十日　陰歷十二月廿九　星期三

本年月陰歷亦小建，今年無兩年，陰曆今日廿

陰。十時半起。盥漱畢，心中仍懨悶無興趣，勉

天風之齋南紙店製

自排遣强作精神拂拭客室桌案安放
花盆始将客室整理略有头绪二时午饭四
凉碟四大碗一火锅五时赵品澄派人送一函来附
封联还两次所借八元此实向来未有之借钱
而未能履行还帐之举也反觉奇怪以意料之
此次小数归还后不久当续有较大之告贷继其
后廿四时赴新园沐浴浴室虽不十分拥挤而工作
者均觉十分忙迫所以剃脸搓搓澡均极草草塞

責沐浴及各項零活均漲價五分，此亦向來舊例
也。賞節錢三元，內有理髮廿一元，另又賞常川侍候
茶房二人廿一元，搓澡廿一元，看箱廿一元，各處坊門
送門包費，因今時半出情，痰桶一個，七時歸。時
已滿街燈綵如織，爆竹齊鳴，大有過年景象。數
年來市政當局對於舊年爆竹禁令忽張忽
弛，或明禁暗放，從未有如今年之煌煌明令，特准
燃放（以前亦有明令）者，蓋不禁故也。今時食餃子餡為[illegible]

黄芽韭、猪肉、海参、白菜为料。北方民俗无论
贵贱贫富，由距过年数月以前，日夕惶惶诚恐
诚惶，所以争竞筹备，务在必食此点心。除夕夜
餐之一顿饺子也。饺子馅精粗美恶，纵视贫
贱富贵而不同。至余家所食之饺子馅，虽为不敷，
即云精美，然亦不算粗恶，诚如俗谚所谓比
上不足，比下有余而已。晚饭前宋旭
初先派人持片约余至其宅吃饭，并有话谈。当告

以吃饭不必候，九时後必往談，十时在家供佛上香

後即赴旭初之约，至刘炳老者一節，晚，倩余代为

修润薦遊，即畀為撰，刀间談至夜二时半興諸濟

踈田家守歲，至天明五时半上香，吃素餃子及

湯元，七时後略睡

二月十一日 陰歷正月初一日 星期四

今日為丁丑元旦，早陰，由七时和衣寢息，至午时

起盥漱畢，至佛堂上香，念四句彌勒菩薩誕辰

天風

一时食素餃子茹素一日午後畫紅洗水仙修整盆
花七时晚膳廣孫來与家兄放談鄉音九时就寢
睡前默念佛號二三百聲拟以續新往賀春節
安徽家鍾蕙生部長常山川局長劉子明莊
竹高宋旭初謝公路會正拟以續往加賀安徽家
外出終至親近友乃分拟概不往拜

二月十二日 陰曆正月初六 星期五

天氣晴朗、大有新春景象、九时起、聞市廛已

栽供天竹之詩

玉、满口吉祥语、朗朗入耳、辄为宝均到、边走边念、绝不停留、念毕、付赏钱而去。此俗有所记闻、开市即去、愈遇愈吉、是以开市以后、绝不稍事逗留、今年所指开了廿、仍为刘刘之母、家人皆喜其吉歌清脆、乃能动作爽快如仿。刘刘将水仙两大盆、另换黄釉花盆、以备案头之清玩。一时饭麵条、刘合龙、尹氏、惕昆、仲先以素糖拜年、王显忱亦来、昨见盛京时报、载天竹栽供诗一则云：

天風文齋南紙店製

栽培天竹，须播以釜脐墨，（即釜底之烟煤）非其他植物之肥料所能代其效，然向荣此天竹栽培之法所遇然稍实者也，且供天竹之法，天须先于干端取火燃之微焦，然后供诸瓶中，则其子叶可保持较久，不致即呈凋谢而叶黄子落也，其语按所云供瓶之天竹也，须火燃干端微焦，就余所知不独天竹如此，即芍药其花亦皆然也，大公报停刊三天（由初一至初三日）实报除夕日即未送，此三天

無報可看，甚向人。國人之情，過春節，對於國
家大事，皆可不也。過向，無棧閣向均不能四日之然
放假，本年春節，集窯範圍內，均照定放假三
日。如傍晚張子三蝪來，至傍晚，從書柜內取眉壽
堂叢帖及李嘉端書手札墨跡冊頁瀏覽，
并考李嘉端爵里，即撰書小傳於冊首，復取
年前新收之昭代名人尺牘續編翻閱，內人韋
子女，邀廣孫赴北洋戲院夜戲與平今後團約初

天風文□□□紙□製

六七角函告小说又与国闻周报写函询第七期
报未收到九时桓甫来叩头出谈时许至十时去
阅国闻周报第六期一时始寝

二月十三日 阴历十二月初三日 星期六
晴微风甚寒昨晚移放西屋水仙盆碗水均
结冰十时起早点后张彝弢锡来坐谈甚
久年少英藝脱离学生时入社会甫经二载
议论风生颇见经验较之前二年已见進

歷練士別三日當刮目相看此言誠不誣也
一時午飯本擬出門拜年但因有氣且所雇車
夫未來遂作罷三時後高少淵姻兄率其
大〻子來宋旭初兄王少蘭先後均來旭初請
渠家引荐事後又起〻家務事因其姪
長發近有悔悟之意好子然之昵兄緩和發經
半時遂去并偕全同出余以須往老宅份之立
發帖夜石富之年出殯兩周周期…出衣一件
時赴西頭老宅祭叩祖先畢大二姪婦均另贈

天風

拜年晤高俊峯叔妹画纯九姊芸许等人晚日

在老宅吃饭食煎合子及十锦火锅廿饭毕

姪辈为推牌九之戏余往北正兹内外滩作望

上观女片剧九时归冷风刺骨近十余日来

未有之天气也归后略阅书至十时就寝

二月十四日　阴　阴历正月初四日　星期日

晴风甚寒雄生去冬以来未有之寒冷十时起早

点后浇水仙花午饭后于三时出门拜年先至画

租界崔竹亭宅於孫多田籍，均未歸。旋赴劉子
晰小姐樓閣北五台早赴寺以上兩家均西岸
未進內，過法租界萬國橋，赴英租界三十三號路新忠
里一號帶小川宅五十六號路晤沱里錘莒生
宅均外出，擔駕回行至日租界訪趙明潘在其
旅館略息，談片時至南斜街王直兩宅均晤
坐片時即歸，付賞車夫一元。回時作風較大
夕已止。晚閱書畫過目考清朝書畫錄書畫隨

錄墨林今話、桐蔭論畫話、寒松閣談藝瑣錄等書，并摘出記余藏有書畫之名人摘抄。十時書室爐火已熄，不能久坐，入臥室閱書，并食元宵兩枚，一時許就寢。

二月十五日　陰曆正月初五　星期一日

晴。天氣清朗，陽光和煦。十時起，早點後洗水仙花，并將各花盆移至廊下庭前，就日光曬之。下午四時修俞蔭才姻兄來拜年，余於五時赴宋地初宅抵平、地初已出門、僅與其三世兄晤談、即歸、宏兒赴學校、繳學費十三元五角、雜費在內。翻閱畫史彙傳、鼓更晚、閱新取來第三十五期宇宙風、周知堂之女人的命運、郭沫若之達夫的來信、陳鐵青之文章的題目、老向之編爆在湖南、及老舍之駱駝祥子長篇小說續稿等新年文、說中以知堂之女人的命運一文為雋永、此文所注龍莊所著病榻夢痕錄、卷及雙節堂庸

训两孩取材、村北女人的命运有所发挥、下十二时以食黄鸭梨一枚、寝

二月十六日 阴历正月初六日 星期二

晴 七时起 早点后浇水仙花 大姪妇率铁孙 宏孙女来与内人拜年 留饭 二姑太太亦由刘宅来 二时半出门赴大陆银行 下午完由北马路绕西马路归 四时返房 稍进点心 电话询宋旭初 和接云将要出门往访之意取消 检点书籍 箱子三只取除

曼生墨竹中堂一幀備懸客室又取出扇面多
件選擇奚鐵生山水王丹麓竹蘭招銘山菊
生水鏡甫安瀾梅花及陸鳳石馮脩盦周士
鍵直凌霄沈兆澐崇綺廿五家所書之扇面
又將邢子愿所書字屏第一第十十二共四幀以巾
備楷平請友鑒定并酌量裝裱晚飯後致定
以上各書畫家爵里十一時略自記與平全介定
陰九日繼早接崇鶴一月廿日所寫之函答後錄

耳價頗廉携賈鐘臣索一叶以食黄鴨梨
就寢

二月十七日 陰歷正月初七日 星期三

晴七时起飲銀耳一碗洗水仙澆花草閱報趙秉涵來拜年午飯後赴宋旭初宅因其他家暢談終日在宋宅晚飯飯後略息赴東馬路鳳祥購便帽結子一枚即返寓时已九时略收拾衣裝書籍字畫及零物接賈鐘臣函通知以接

寄鶴函銀耳敷撲讀錄 此後所寄之函务日
忘記付郵局寄一件確宜皆能也剝取纖

二月十八日 陰歷正月初八 星期四

早微陰十時後放晴 十時起 早點後洗水仙花接
補寄國聞周報第七期 閱報 午後三時赴文
華商竹齋託刻石章 經周與九峯宣吉三
方 雞血之石章 因石質太堅且多釘眼
不能著刀 因過不能刻 其另兩方白新壽山因

天風文齋南紙店製

印文有一字辨認不清者未刻經告知印文係約明日往取至稻香村調查斧頭牌老三星白蘭地酒價錢明記謂每瓶六元九角其對過之一家謂六元四角至新園沐浴理髮自過舊歷年後尚未沐浴周身極不舒適積垢滿身穢氣已極自問經此一浴之後爽快非常今付半浴費欠賬之角十餘枚而歸晚飯後收拾零物之件等件晚兩點半圖不知明日能起早

十二時就寢

二月十九日 陰曆正月初九日 星期五

晴暖似暮春天氣十時起早點後洗水仙身体略覺疲倦未赴午午後赴法租界文華齋取代竹畫所刻石章一對至天祥市場樓下一指遊至昭記稻香村取室斧頭牌三星白蘭地酒一瓶至曜租界日本華華房購茶葉素一盒價一元四角至中原公司一遊六時歸收拾零物晚飯後 攷邢侗爵里撰

天風文齋雨民箋製

邢子願先生爵里告名改一文並告之。一時後寢。

二月廿日　陰曆正月初十日　星期六

晴。早有風，午後止。七時起，早點後決定赴平游

水仙廣。孫來午飯後，柘甫烴來。三時一刻赴車

站，到站時車已入站，購票登車，已無坐處，

幸有一客下車，讓出一坐。因時計慢數分鐘，故

到站較遲，若再延誤數分鐘，幾將誤車。在

車上晤常鑑三談，遇劉子純在平府地已遲

往东四汪芝蔴胡同八号并同达刘子庭近来对于擘划坛务事甚具热心容时半揭平雇車進城晚飯後至竹篁畫書齋晚讀并承出示新正在廠甸所購字畫文玩十二時罷酒遂安就寢

二月廿日　陰曆正月十七日　星期日

晴九時半起早餐後竹篁來拜十二時作淨課由家眷由平過滬以後久廢淨課今始照常舉行

天風文齋南紙店製

三时赴拾饭寺李宅晤楚卿孔棣丞胡宪长陈玉嚣等人与刘子昭之饭打电话探云已于初九日返津矣楚卿约同赴厂甸左画棚一游无可惹之字画不足道偕友一游宣武门外海王村时已五点摊饭已四收拾摊货为时经楚卿挂赴陶镜湖宅吃饭渠共母圣诞一举门之打牌会今日正值镜湖作东也七时许入座同座十二人饭罢渠廿入局余与绍蘧前谈绍蘧明日起程回豫原

津佚文稿同級不能

鐘七半時歸晚飯息溫習至一時寢

二月廿二日 陰歷正月十二日 星期一

晴十时起早點後作淨課午後三时餘赴羊毛胡同訪鏡湖弟送白蘭地不待表示奉贈之意渠竟首先聲明謂不問價錢與不能明告其語經其一言即可自己決定為贈送矣候其進早餐後已得進去的同赴廠甸先至火神廟買玉器有人陳鶴亭的明孫玉器後至畫宝故家大都均已

收肆上附玉海王村閔古齋所田坐看趙撝林手札墨跡冊索價二百元又看王懿榮手札冊索價六十元以上兩件均為膺品該號有象牙觀音菩薩像一尊去年正月曾商價未協約値索價廿元經鏡湖力主者回窮再續議價值同赴捨飯寺李宅因紹蘧今晚同鏡湖赴該宅送小印在李宅晚餐客甚多九時半紹蘧赴站未久到站送別與楚偕鏡湖間談至十二時始還時風勢甚

大千的試假

二月二十三日 陰曆正月十四日 星期二

晴 十时起 早點後作净课 玉竹盦去 寶昭談 午後赴廠甸 在南新華街兩邊便道上巡視各攤一周 至玉池山房看字畫 無甚精妙高貴之品 在路东一鑑时畫店見古邢子愿大屏廿幀 臨十七帖 紙本 惜太破爛不堪 索價五十元 另一畫店見古郭去收冊頁八開 紙本 紙白 版新 字亦精妙 索價八元

天風[illegible]

又有徐鄰哉良绢本中堂，字体学董宗伯，十
五元。以玉海王村各攤巡視，擬物色一烟壺盖，
無當意者。六时歸。終無所得，乃南橋扇陶鏡湖
來訪，帶來墨蹟生小條，請余代為鑑定之，謂為
赝品，勸其不必購。將余所藏各扇面取出遞伴
看過，惜亦知音無幾。坐談至九时始去。晚飯後十时
矣。玉竹齋室看其所謂銅藏佛，甚好。二時寢。

二月二十四日　陰曆正月十四日　星期三

晴 十时起 早點後作净课 与竹盦清談 午後三
时赴廠甸 先至閱古斋 送還前日取来之象牙
觀世音菩薩像一尊 至南新華街东西两边
便攤上巡視一過 又至火神廟挑選铜佛像 竟無
所遇 又同海王村一遊 再至閱古斋略憩 後至
南新華街見一小英石者木架及一老红木拜匣
一再磋商價值 迄未講成 夕陽西下後 於攤上議
羅收肆时 購得一記 對青花白地小花瓶 檀香汁

天風文[illegible]氏三閣製

宜興花盆一对江 嵌銀丝光漆印色盒江 及洋珊瑚烟壺盖 以石章廿零物 七时歸 休息片时 晚饭後與宋旭初賈鏡臣各寫一函 還罷 食煮鴨梨後就寢 廿已二时半矣

二月廿五日 陰曆正月十五日 星期四

晴 午时後天朗氣清 惠風和暢 省 近數日來未有之好天氣也 今日为上元佳節 得此良辰 甚快慰也 午後作淨課 齋食麵 罢时赴廠 向發时晚

與容宋霽兩君之西至琉璃廠附近，廿九軍之人所搬之大砲一輛，前有武裝軍人持大刀開路，大砲之後，殿以旱船，沿途舞蹈，由南而北，進和平門而去，道旁觀者人山人海，歡呼如雷，儼然太平景象，亦為近數年來舊京嘉節喜會者之盛況也。在新華街書攤上見有袁氏世範一部四本，版紙古佳，索價（至地）至低一元二角，付價一元六角成交。又往南新華街攤上購得西洋料

天風文齋南紙店製

缸子一個与年前所購之一個居然成對乜乃物色彼月底未運見於今竟得之快慰非常又購烏木嵌銀絲扇骨一把價四角又購舊瓷青花壁瓶一隻至悅古齋修時售盡實与該號店員劉文安略談後至海王村購一次芸翡翠壺蓋一枚至同古齋探詢昨日所失之鷄血章一對昨日余在該号時經長裝現錦內所存鷄血章在不知何處決鋪始知係被一同行人不告而睹中取走已查出其和人一瓶為余四粗釋然

不甚余正在该镜间尚而将贵重货物尽先
纵不能将及于余而余自觉不无瓜田李下之嫌
耳特出海王村顺便逛到北在书摊上购欠智
文嘉之书目答问一部去年归时已寄家灯大
爆竹齐鸣家家过元旦佳节矣坐书房略翻一过
翁咳镜以书特老书斋请读永去示今日买
赵撝叔手札册页经余一见即知为赝品盖
手札之文皆照石印本仿造余久已嗜古法项石

天風文藻閣用箋

印本临摹多年不待细雠即知其伪竹老竟
以十元买来余又不便直言其详只微示如能退还
可以换易他项字画此册实不甚精工。惟此册上
有老友刘芷洲先生手迹既有题签又有注语
且钤其名章多颗（芷洲名文馥）真是此件多经芷洲
收藏颇惜年来与芷洲不通音问不知现在
税驾何所无从通讯一向究竟五十时未灑笔
二十时获复

二月廿六日 陰曆正月十六日 星期五

晴 狂風竟日至夕始息 十时半起 早点（由本日起每日早点後再加食牛乳一杯） 作净课畢 至從廣圭室 竹兄仍嘱再细为鑒定趙撝叔手札至三續册 余既認定为臨摹石印本 千真萬確 仍待再審 但又不便即將石印本告吳 以學往玉津房十字來核對 遂亦慢言為不敢為贋鼎 實為遁心之論也 午後風仍大 飛土揚塵 為新正以來未有之狂风也 京擬以去房休息 傍晚与

慧女写信谕其将家存赵㨗妹手札两种寄
来以备玉也要时交竹庵与其所购只临本一封傳
免令其终久不能醒悟也家信书未写毕楚卿
来未坐室即约同往其宅至刘陈鹤亭与另
一玉器商人坐候多时矣乃见楚卿家藏之玻璃
翠班指一枚通体深绿遠明润潔绝无深浅不匀之
色正拟求善价而沽闻索价十万元盖现时翠玉
碧玺之类行市日长也十时偕同楚卿至五捨饭

津修文斋南纸

寺口外看華興綢緞莊放焰火五光十色極
燦爛輝煌之餘乃觀者依然人山人海西單以北大街
及兩旁便道無絲毫隙地昨晚元宵夜已釀慘
案被擠倒踏斃者除已見報載之一十齡男童
及一十餘歲之女孩并其母已被踏斃幸又救甦之
三人外又聞有吉時發女子二人住蓮園飯店內已被擠受重傷生
死莫卜及另有不知姓名婦孺數人報紙未經
登載觀今日之擁擠情形不因昨日已出慘案而

稍少而謂貪飽眼福不怕犧牲性命也耳
吾完花盦一架後仍同李宅与楚卿談至十二時
始出門回寓飯夜出後詩評訖寢
二月二十七日　陰曆正月十七日　星期六
晴十時起早點後悅古齋夥友劉文安來遂就
竹盦同談見前在廠甸所丟之劉石庵五
言大紅庫絹對聯已送來閱經閱古齋代為
說合此對聯無遂將余之舊藏那子愿字屏四幅

幀喻其代石渠觀及对於真僞不敢遽下斷
語蓋彼皆書畫賈代人看字畫先有一種成
見對於收藏家收羅字畫輕易不說是真是
精之品玉渠所送来者無論如何必說千
真萬精所謂之場不同不免成見太深固
玉對於余所藏之徐郙哉良[illegible]所書[illegible]
冊頁良心上不好意思再作違心之評判者乃
共不敢是僅以一語讚許云劉春霖又一字畫

天風[illegible]

店送四頁校件來 無可觀其餘遂送區回田宅

午後另與慧女寫信（昨日所寫的作廢）五時後出

門至西單蒙家 行至西單書攤一看 六時許赴

楚卿宅便飯 飯約十時還 閱大公報

二月廿八日 陰曆正月十八日 星期日

晴和 十時起 早點後作淨課 午飯後三時許出門

赴王廣福斜街一品香沐浴 七時洗畢歸 八

時許晚飯後閱書 閱故宮周刊 十時就寢

三月一日　陰歷正月十九日　星期一

晴。春和景明，天朗氣清，大有良辰美景象。六時起，早點後作淨課，閱報後檢出日本人白岩龍平明治三十五年所選編之曾文正全集鈔錄。此書十年前得於坂都冷攤，所得殘卷只有上册，擬白岩子雲繼言之，欽佩之久矣。及來上海得其全集讀之，益知學術功業所淵源，景慕益切。嘗謂之不獨清朝第一流人，實三代以下所希面

天風[illegible]

見全集浩瀚，不便携帶，乃鈔數十篇，日夕諷誦，
未嘗離身。因校者樟川云云。曾文正以文章道德
事功見重東鄰，如此堪為吾國引以自豪者也。
午飯後，竹盦約至大吉商略，談古宦至乃游出。
赴西長安街中央理髮館整容，步至宣內小
攤一遊，又至坊徐還。傍晚購張遷碑三頁、趙撝叔
行書挂屏。晚飯後取陳修鈔朗誦王禹偁待
漏院記、范文正岳陽樓記、嚴子陵祠堂記、錢

又補義田記跋文以上諸篇均由廿餘年前童時所熟習今日重温朗誦不禁津津有味焉一时寢

三月二日 陰歷二月二十日 星期二

晴陰間七时起十一时進銀耳牛乳一杯午刻作淨課

楷書臨帖心[illegible][illegible][illegible][illegible][illegible][illegible]

午飯後三时許赴東城西總布胡同五十號訪王祝三談一小时楚卿同祝三存有翡翠班指一枚託其前往探詢如能出讓者擬價買

天風

比婉詢視三知已早經出京矣由總布胡同至崇
文門外西月牆元成順棧內探望張子聰之疾聞
所患係小腸間作痛據醫診斷是癌症坐談移
時溯出帶鐙三已於廿四日返津矣在東單乘電
車至西單下價為銅元廿二枚北平電車向不慣
乘對於車之路線及何處有站價若干概不曉了
今日往返東西城均乘電車代步由西單至東單
費時不過十餘分鐘有時而價廉且車內潔淨舒適

不似津市電車骯髒而擁擠也赴捨飯寺李楚
卿宅經介紹趙空悟隴西人現任新王師軍需處
長至李宅晚飯後品茗清談十時還臨張遷碑
三頁閱蛛隱鈔文數首一時後寢

三月三日　陰歷正月廿一日　星期三

陰午晚晴十時起早點後作淨課接慧女寄來趙
撝叔手札兩冊（有正出版）悲盦手札兩冊（求古齋出版）閱報午飯後
未吸煙食菓糖半塊閱黃白山君龍平所鈔首文

集内日記類。罢出门至宣武门小市遊地攤一周，無所得。進城後至宣內書攤上見古俠龕隨筆一册，檢視知其為紹興陳中嶽論詩所著。陳係天津人，長多年，詩名久著，與我鄉名流時與賡唱酬頗多，遂以三十枚銅元購得攜歸。今日天氣陰多晴少，身體踈逸，春寒料峭，不似前兩日之和暖也。晚後即展俠龕隨筆快讀盡至上下兩卷，合訂一冊，無出版書店名，亦無定價，細為葦

自刊燈送非賣品也所記大都為論詩之作向以
閱見所得附為文筆潔簡頗堪披覽至晚已
閱畢上卷而下卷亦翻閱殆半矣晚飯後略再
臥休息再習臨趙之小楷一頁一時後寢（寄南上午已信上燈大[illegible]寄信晚姚(?)四叔卅六）

三月四日 陰歷正月廿二日 星期四

陰午後四時後陰雲密布似將雨雪十時起早點後
作淨課閱報由早至夕均未[redacted]（歇息?）午飯後閱畫自遣
臨張遷碑四頁習小楷一頁并閱趙撝叔手札晚日

天風[illegible]

阅故宫周刊合订册第二十一册於第四八九期内见
有唐朝女子姚月華所绘臙脂秋卉團扇一面
画面上钤有張則之印據编者考称張孝思字
則之丹徒人觀宸子觀宸隐居不仕居培風
阁多以收藏法書名画擅名命孝思收掌之以
故孝思日与名贤書画相對落筆無一點塵
埃氣第小楷有黄庭筆意亦善画而蘭竹尤佳
父子并精鑒赏与項氏天籟阁相埒識者以為

項氏書有贋物張氏絕無云等語項氏收藏
名家法書名畫名蹟一經項鑒賞聲價十倍稍留
心藝林者無不知有天籟閣至張氏適園鑑藏
之精世少知之者故特錄之以資攷鏡一[illegible]
三月五日　陰歷正月廿三日　星期五
陰　朝七時降雪一陣九時又降一大陣旋止　報載
昨日津門大雪終日云　十時起早點後作淨課
午後三時始臥息　四時後出門至西單商場內外見

白壽山石章兩對一對寸許方一對五六分方均青
刀工索價太昂兩對還價三元五角書無肯售意
石出舊閭擾售者云足够明朝坑矣查方
場書攤購士禮居藏書題跋補錄一册爲己
巳中秋大興李文裿輯印本有傅沅叔及余舊
同寅徐森玉題署索價六角僅以一角購得又購
洋紙信箋（此皆遊廠所買）四本每本五分又購昨今兩日大公報
即睡閱報晚閱故宮周刊第廿一號二份就寢

三月廿六　陰曆四月廿四日　星期六

陰。九時起，早點後作淨課，午飯後未卧，息，三時出，至

至琉璃廠，買明拓好瓦刻石本兩方，約三四日往取

至倫池高知，年君替靖安路寄漢中蕭紫鶴坊

宮日曆，今日往付郵，蓋西安郵包雖早已收遠

而漢中及甘肅包裹郵局今日始通知也，收取

嫁第二十冊及宮園刊一本，按定價八折，又至古

高林畫店，送吳石仙王丹麓山水團扇面各一

天風

件冯文蔚陆润庠行楷团扇面各一枚全头
裱推光册页约七八日方以裱妥赴大栅栏同仁堂
药局购装鼻烟壶盖出劝业场一层过道两场俱
是卖牙庁烟具之摊法为近二三年来之新现
象也过青云阁在内小摊上以一元二角购冯镌
制[illegible]一对因刻花均精细拟以备送友人之用者也
六时归晚饭后小卧息阅新购故宫周刊数页
临张迁碑四页

三月上日　陰曆二月廿五日　星期日
陰清寒。恐他處今日又有降雪之地耳。十时起
早點後閱報。作淨課。午飯以来叙息。臨張遷
碑五頁。計九十字。夕时至竹老畫室一談。近兩日春
寒料峭。今早尤甚。原擬赴東城訪王祝三、郭仰
宗兩君。因天寒未往。晚閱故宮周刊第廿冊於
第五〇三期內見有明陸包山治畫天中佳卉一中畫
者一長方花盆。內繪山石一、玲瓏透秀。石下四周植

天風之廬箋紙監製

蒲草叢生詩塘內沈克昭士端書宋人謝枋得
所撰之昌蒲歌一首字為行楷之類勁秀余
年來亦頗愛蒔昌蒲草聊備案頭清玩並
將原歌文全錄於下　有石奇峭天琢成有草
夭夭春夏青。人言昌蒲非一種。上品九節通仙
靈異根不帶塵埃氣。孤操愛結泉石盟。明
窗淨几有宿契。花林草砌無交情。夜深不嫌清
露重。晨光疑有白雲生。嫩如秦時童女登蓬

瀛。手攜綠玉杖，徐行，瘦如天台山上賢聖僧。
休糧絕跡孤雀形，勁如五丁義士從田橫。英
氣淨淨磨青冥，清如三千弟子立孔庭。回參
琴瑟天機鳴，堂前不入紅粉燕，席上常酬詩
奇聲。怪石篠蕩皆充貢，此物舜廟嘗與登。
神農知，已入本草。雲均敷賢遺騷經，幽人
耽玩驚仙興。方士服餌延修齡，綵鸞亂鳳
琪華苑。赤亂玉麟黃寶城。上界真人好清淨。
天風[illegible]

吸園歸作鈔卷四所選
鈔宋人文內有謝枋得交
信錄序郤聘書兩首按謝
君小傳云字君直信州弋陽
人舉進士官江東刑提江
西招諭使知信州號疊山
生又撰郤聘書題下所注
云疊山公逃入建陽至元二
十五年福建以君參政魏
天祐將召求人材尚書劉
夢炎薦之以嗟書絕
不以夢炎大臣座師而按謝
之為宋之遺臣入元不仕雖
經師友故劝其出山終守節
不起嘗見其上程雪樓書有云大元制世民物一新宋室孤臣只欠一死所以不死者以九十三歲之老母在堂耳於先帝只見

津係文系同編不集

見先生靈苗當大驚。我雖模之朝太清。瑤艸
不敢吉芳馨。玉皇一笑留香案。錫與有道
者長生。人間千花番弃使榮艷未必敢與
爭高名。惟撰者謝枋得、鄉里遲行、無從得知者
待續考、再取出製版縮小、歌文字体細若蠅頭、
該帖實尤模糊、謝字已不能辨識、究竟是否為
謝字、亦不敢遽定也、均待詳考、十一月八日羅足書
時瑞雪霏霏、地上如銀、一时半仍未止

洵乎实为忠孝两全之人，再洵乎为宋末大人物。余前日读昌蒲歌附之，不知其人，乃谓孤陋之至，不待检查宋史而竟于归纷钞中见其行知之，之舛谊乃足窘，有益读书不厌其多耳。

[illegible] 三月十日 [illegible]又记

三月八日 阴历正月廿六日 星期一

阴寒甚。九时起，早点后，阅报，作净课。至竹盦书室略坐。午后卧息。三时赴护国寺地摊一游，购四若画楚馀草题跋一册，内俱景印同光时名人题跋，颇堪浏览，价值铜元卅枚耳。又购白铜琴式镇纸一件。连日沉阴，春寒料峭，庙会化货摊既少，游人亦稀，无可物色。天气甚寒，寒风刺面，不能久作游，雇车而返。至西单市场门前下车略游，买古董

擬以前日所見舊壽山石章兩對仍寄售出遂
又磋商價值結果以五元代價將兩對石章交歸妥
壽田坑老而刀工精細爲不可多得之章頗絕不
因劉覓田處以洋四角買小章三方天將就昏氣候
甚涼至稻香村略以購飲物而還入室久之始覺回暖
略息晚飯後查辨所購石章篆文仍古敲定無從
識認十二時濯足一時後寢

三月九日 陰曆正月廿七日 星期二

微陰午後放晴十时起早點後作净课阅報
午後三时赴報子街喜刮脸赴李宅楚卿尚
未起床与朱耀东朱壶山晚談并与壶山讨研味
所藏石章篆文惟據壶山所辨识之不甚悉
合五时许赴琉璃廠两明軒取鐫刻之石章尚
未刻成託該號特找一錦匣工人来家做仿舊
錦圖章匣一個價洋八角約後日往取又選擇
白銅墨盒一個拟烧一素面書一舟託竹盦畫山

水畫屏一幅畫成後再由該號照刻將來做成
後宜比較墨盒店刻花好為雅緻耳至中華
書局購國語據云已無此種存貨詢預約之辭
海據云已出版買到此書余等前在津定
購預約在後俟通知後往取也買車還後七
時晚飯後習張遷碑四頁計七十二字又習趙
行書一頁午後與王祝三及郭仲宗女友人通電話
均約明日往訪

三月十日 陰歷正月廿六日 星期三

晴。十时起，早點後作淨課，閱報。至竹盦書房小坐，并請其鑑定前日所購之石章一小對，甚蒙嘉讚。午後赴东城訪王祝三，談至五时半辭出，再訪郭仰宗，晚七时辭出。往返均乘電車，既省时間，且較經濟。當此春寒風峭之際，尤覺比乘人力車能免去空風刺面之苦。王郭兩君十餘年前均為人海中旧燕騰超同时之人物

天風文[illegible]箋

祝三於民十四五年間經營印刷事業代西
南省銀行印刷鈔票一事即發財數十萬彼
時揮金似土生活闊綽儼然富翁此生已不愁
納福祿終生不意近數年南北睽隔極不合時
此次兩次造訪其居不但門前冷落大非昔比
而且居室生活已形簡陋人亦頹唐異常
維未及深談近年景況觀察舉動知已難
感窘境仰宗中年亡子屢經大善娃赫一時近

在巢簃改美合之一科吳月萁不過百文左右
僦居一室環堵蕭然二君年均逾六老境如
此並將有仿余於歸途車上不勝感慨興老年
遭遇厄運之感及撫序似仍愴然不能去懷
晚改以臨終遺囑七十二字以書一頁

三月十二日　陰曆正月廿九日　星期四

晴午前有風寒甚早起以作淨課閱報午後在
竹盦書室清談閒讀昨曾訪聯下並鄧瞻子

占卦其說為驗，余不覺心動，遂亦往占。鄧馨垓寓宣内國會街，女居正在宣武門城樓下一進國會街東口舊土崗子上，自經營，報王桂宇謁，力揄揚，以聲名大著，曾訪垓云為之穿其深處。占垓抽一竹籤，上有干支字二，余所抽之籤，大約為庚寅、丙字，擇數言：現時宜靜不宜動，動則必敗，故事謹守，勿能進取等語。之畢，再問余係向何事。余以謀事，能否有成對。當答謂

津門文稿

現时有事只宜暫守等勿遠以另圖縱有改成

之事（亦）前後亦必反其絶雖成為事之實施又向現在

年歲擾實告之又之適四年來四十三某月不佳四（即比前兩年）

十四歲亦不甚好四十五略好今年流年又較四十五

更好已屬上上景象今年三月宜有所成之機三

月不成四月亦必難成云云余當付課全式角而出

其言甚簡三言兩語憂然而止似無揣測向

此心理適合本家之習慣之類啟姑且試目俟之而

天風文[illegible]題

已至南閘市口前光業胡同上號竹齋新鋪居
宅地點實嫌偏僻，房子太舊，已被敗不堪之
須接大工程修理始能居住，惟佔地甚廣，庭院寬
濶，是為不取耳。出宣武門至小市內，見有青花白地瓷
膽瓶一個，價值貳角，赴琉璃廠西明軒取它做之
錦地圖章盒，新白銅素地長方墨盒，價洋肆角
昌化小對章，因素潤，九三字陽文章，潤九兩字章
活太怪，為實不能用，當令其磨去重刻，又出一對昌

化石章一端微带少许淡红色刻工及西泠轩铺
验均认为鸡血石而根据鸡血石章润例计费 鸡血石每
字六角普通石每字二角 经余详加解释并非鸡血石但色较普
通石计润资乃笑也后付本价进和平门拟往拾饭寺
李宅出西单临时改变作罢过画店归以购墨李
楚卿昔来相访将去及序刻帐领前以均与竹居
畅谈并托其陈第代绘铜墨盒十余付准其以后
三月十二日 阴历正月廿二日 星期五

晴 十時起 早點後作淨課閱報 今日乃孫中山先生逝世十三年紀念 全國下半旗停止娛樂一日 北平各學校亦有放假 午後三時往西四北大紅羅厰訪劉宇民 書即延見 宇以自去年春夏患病半年有餘 至今仍未大痊 貌甚清癯 乍見不復能識 而相貌大變 與本年面目大異 其形已如俗諺所謂抽骨換胎者耳 談次言及交阜東引屏事 宇云渠個人并非股東 是以宋地初見所

託之事与渠無涉後洽閏生其令弟子敬近已來年
余露封去右出任調停之意字極口贊成屬余
訪子敬後言又後及其直年命運事據云去年
運數已極壞所以丁憂之後又攖大病今年已交
好運明年為四十五歲是大好之外頗有靜久思
動大有重再登台活動之意詢及余之年歲
及氣運余答據八字云須候明年方能大好渠云凡
在一起共事之人其命運大抵相同余亦謂然之

天風[illegible]

為兄好運吾輩當然同有光榮幸甚以為知

言昨午後出赴捨飯寺李宅惟時狂風已起

塵土飛揚出李宅與楚卿晤談多時晚飯即在

該宅閒談談渠生擬作北里之遊余不欲勉

陪九時半歸寓以昨以去一月裝訂黃蕘圃所

著士禮居藏書題跋補錄一本二册付還

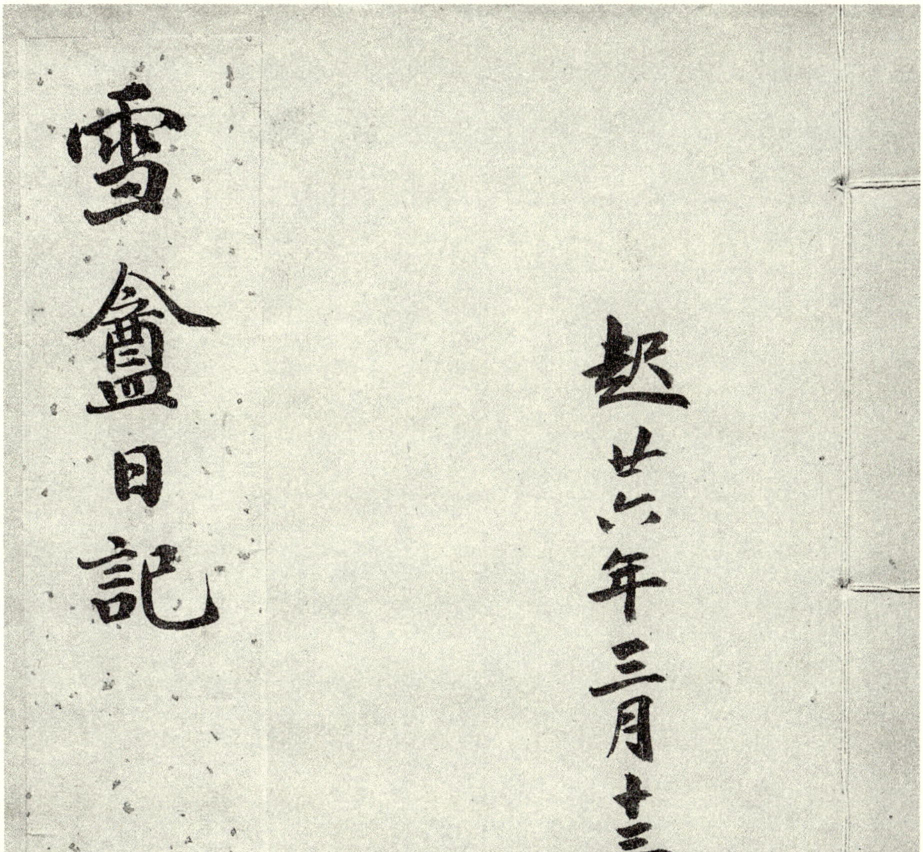
雪盦日記
樂
起廿六年三月十三日訖七月三日
4

三月十三日　陰歷二月初一日　星期六

晴　十时起　早点前食既咸之若素五囊，此为第一日起服，療除痼疾也。作净课，阅报。午饭前又含三囊。原拟赴东城汪芝蔴胡同访刘半农，路远，恐过劳，作罢。三时顷赴拾饭寺李宅，与镜湖通電话，託其加入初三日楚卿生日公份。与楚卿略谈数数，即出，至西单商场逛，北去，摊上見有李越缦所著蘿庵游赏小志一册，为番禺沈氏晨風阁叢书鉛印本，全书僅廿葉通體均用朱筆圈過，歸後翻閱一過，所加圈點者頗妥當，似出通人手筆。書皮面題簽識字體秀潤不俗，尤可喜也。索價僅一角，未還價，即如照付矣。後之另一攤上見有聽松閣版六書分類殘本，只缺下函六冊，白紙大本，書品印刷均絕佳，僅費洋六角五分。書附有武英殿聚珍版漢官舊儀一冊。再五時還。竹盦代畫墨盒已成，親自送來，並約赴西來順便飯，同座客人除共同鄉友人史、祝、香外，吉青共男女子各一人。九時返。十一

即寢

三月十四日 陰曆二月初二日 星期日

晴。夜四時醒，身上覺燥極，不舒適，遂又食藥囊三枚，始又入睡，至今早十時起。早點前服藥五囊。未大解。友梅來，託寫蘭譜，并談許久。午飯極閙胃，較平日略增。友梅堅約赴新新戲院看戲。三時許偕往，值盜御馬一齣，後程硯秋之金鎖記。甫登場，因院中空氣不佳過度，又寫不耐久坐，遂出赴陶宅與錢湖商訂送李桂卿壽禮，以綢子精生即發出赴琉璃厰西頭軒送鎸墨盒并取圖章一對即彼昔誤認為鷄血石者今日仍按普通昌化石收閱也所鎸墨盒約陰歷二月初六日往取遂歸晚飯時食藥五囊作淨課寫蘭譜畢閱書十一时食葵梨又食藥三囊十二时半即寢夜内極安适

三月十五日 陰歷二月初三日 星期一

晴九时醒又三刻起床早點食藥囊五枚大解亦暢作淨課閱報風甚大塵土甚重午飯食藥

囊三枚。飯後至竹庵看畫山水一幅。四時赴中央理
髮。飯前剪髮。五時半赴李竞芳、楚卿祝嫂賀，客已
畢集。六時大風又到，天爲之昏，晴。今日天氣本極
燥熱，楚卿家室溫度太高，又因賓客吞雲薰
蔽室，余爲室内之氧氣所窒，又加人多屋熱，汗出
額上不已，食點心後即不濟，而還返寓後，靜坐片時，
神清氣爽，汗止，倖達矣。遂作隸課四頁。晚飯後與
家中寫信，告瘵痍近況，約十日左右返舍。十二時濯
足就寢。

三月十六日 陰歷二月初四日 星期三

晴，十时起，早点，附食藥五囊，大解照常。时閱抄谷作淨課。午前后風甚狂，氣溫亦大降，方似嚴冬时之風。晚飯赴拾飯寺李宅，楚卿尚未起，与朱壹山来。耀东略談，遂出至西单，替王顾忱发函，盖今早又接渠函，託為百行函懇張風山謀津市稅壁紗廠事也。附致張君一函，嘱其由伊郵遞或面口呈久存。紅格本一本，在同懋增南紙店見古賈姓篆刻圖章樣本一册，所治名印古茂不俗，居亭每字

渹例三角價亦不昂即寄函託治數印玉葉常一
堦遊嬉王瓜一條與小販衝突甚無謂也乘車返
作隸課寫四紙晚飯甚飽飯後步行多時始返晚補
抄十三十四十五日日記伏案作書經兩小時未覺疲
服若素日藥主志戒除嗜好以來倏經四日經過
總謂良好飲食起居以及大小解均感舒適每日分
四次服藥總共食藥十五囊三號小囊速囊共重一
錢內含四分之一煙含量不過二分五厘藉以堅絕之心
此次忍死達根除目的十二時食黃梨即就寢

三月十七日　陰曆二月初五日　星期四
晴微寒午前作淨課午後日來精神甚好服藥
飲食均如常

三月十八日　陰曆二月初六日　星期五
晴起後作淨課閱實報載胡蘊璋發表為大興
縣長私意如該縣府設在北平市內縣府差雖清
苦但可以就近在平代為幫忙午後去楚卿房經
問談及之楚兄返城

三月十九日　陰曆二月初七日　星期六

午后至楚卿宅始知今晚楚卿饯湖棣丞洪君共
请胡以皮知小長余臨时加入主人与胡晤面后即
渠开口即云已聽楚卿说过请老哥帮忙余谓
迎不遑少顷入席饭后即同与楚卿略谈扺告辞
胡已与余直接商量及相约之点略坐即還

三月廿 陰 二月初八 星期六

午后楚卿来謂已经胡君説托代约余任大無秘
秘書兼第一科科長并向余能否担任司法事
件余荅以無此经驗稍坐即去

三月廿日　陰曆二月初九日　星期日

晴　九时起　早點後作淨課　十一时出門至長安街中央理髮館整容　十二时至李宅　楚卿尚未起　稍坐即歸　午飯後又往楚卿　仍未起　候許久始起　胡以度君已至　經楚卿與胡在外室接談結果　旋經胡君入室當面邀切　面約明日同往接印　當答以恐才力不勝　尤其是對政府的事　從未辦過也　一时無相當之人　只可暫往幫忙數日　盡盡余責　與楚卿接頭以前不便遽以答應也　少頃　坐間與楚

卿甚讀之云已無問題明日再以同經八時至西單取

刻名章及名片印還晚早睡息

三月廿三日　陰歷二月初十日　星期一

陰七時起盥漱畢進早點八時偕赴北池子騎

河樓廿三號胡以皮子館玉如去安出甚準備坐

候玉十一時始回胡宅及其同學友人崔景南君並乘

汽車出城約行二十餘分抵永定門外大紅門大興

縣政府府前已有保安隊守衛警察隊守候進

府後前往縣長宋君河南人率舊屬歡迎坐談

片时前任派人送交钤印一颗赏洋四元接收即由科循例加红告帖新任事前概未加盖一切均办妥准备即茶壶茶碗石及厨房亦均无之因饥时喝达一日之久至四时以天气转寒又无煤火预备余实不能耐因思受此种饥渴交加及挨冻之苦当即藉铺盖书桌运来为词遂乘人力车进城至天桥改乘电车至西单南经下车即入西湖营取暖并吃饭饭后至楚卿宅把晤经过表示婉辞之意经楚卿一再劝驾始允委蛇数日九时返寓

休息一时已降雪纷纷矣

三月廿三日 阴历二月十一日 星期二

阴。早六时醒，看窗外大雪纷飞，屋瓦皆白，平地积雪厚已为一尺，不能出城，遂又安心再睡，十时始起。早点后照常作净课，休息一下，终日不能出门。雪至四五时始止，微放晴光，院中积雪已二尺深矣。与竹老闲谈。晚风势甚急，吹散屋上积雪纷纷坠地。阅曾文正公集，以目疲，九时即濯足，十时半就寝。

三月廿四日 阴历二月十二日 星期三

晴寒早間風勢仍大拖延至九時半始起因風
大天寒且為嚴冬又加道途泥濘故決不出城以與
胡々電一函托病請辭并派人取回行李函繕
間李宅忽來人送信謂胡參長有電話來請即
時到府當即允候午飯後前往一時半用午飯二時
前往仍由西單乘電車至天橋改乘人力車
抵三時許到部府胡々進城拜客與崔景南王守
文及收發劉君會談始知閣府佐治人員均已
發表余為秘書崔任第一科々長王任第二科々長

劉收發即代余張羅，住室未及，須余同意即將

行李飭差代為打開鋪好，只可姑從擺佈而已。

詢悉致民政廳函稿接即稿書未擬，以加意即代擬

一稿置放物長加以審上，罷與李宅通一電話告

知決定六七時仍進城，向府內廚房甫經覓妥，

今晚不知能否開飯，於六時偕乘人力車進城，至捨

飯寺李宅，胡□已先至，告與略談少頃，旋同與楚

卿詳言進退意見，余請楚卿向胡□表示物府經

費有限，秘書可以請第一科科長兼，區區物府亦無

單設秘書必需姜胡為對兒情面計我即立刻辭
卻，姜為求才起見，力勉代幫忙，惟只允純粹義
務，不受酬報，不置薪水，覓他一位朋友以備他日出
再此現在天氣甚寒，暫不遷入衙門下榻，每早
去晚還，將來如能長駐，終須亦俟天氣大暖再行
遷入。緣胡之為人，性太儉吝，所約幕賓住室及辦公室
如冬天、寒，晚未升大爐汽不使暖之，婦室冷只好讀
俟天氣暖和再遷入居住耳。以冬節諸兒於今
晚偕達以宣去酒八時偕梅赴西湖會堂便飯之

以余须先还金梅仍返李宅听候回音十时梅返
谓楚意仍令照日昨书到府十二时就寝
三月廿五日 阴历二月十三日 星期四
晴 九时起 气候甚寒 经考虑仍以不就为是仿
袁凤琪出城至大兴钢设府取行李并写证件至
十二时胡〃与李二宅来电话仍请速到府行李
不允搬回 午饭后赶即赴楚卿宅商洽结果楚
仍劝帮忙余遂要求先回津一为料理楚卿云
须先亲自到府与胡〃面谈者即出城与胡〃详

談并解釋昨白昭之回津三四日在縣府共進晚飯
飯後邦同胡工料理工文六時後一同進城逕赴
李宅楚卿有應酬外出八時又至李宅食晚飯
一次飯後返房休息決定明日下午返津

三月廿四日 陰曆二月十四 星期五

晴 九時起寒甚 作淨課 又派袁鳳疇赴縣府
取行李 飯後與竹老話別 三時赴站 四時開車
五時五十分到總站下車 雇人力車回宅 七時到 知
宏兒患病似春瘟 服校醫所開清解方劑

已漱盥矣，晚飯後閱蕭紫鶴來函三件暨品

澄函兩件，又閱國聞周報并雜誌，身上略覺疲

倦，十二時寢。

三月廿七日 陰曆二月十五日 星期六

晴，八時半起，九時至佛堂作十念，早點後閱報，午

飭劉二電告墓饰據云未至，家通日銀行正放款

極相近，墓饰赴平旅行矣，二時出門至仁義興選

紫鶴銀耳價三十五元，至文華齋刻牙章二方，每

字二角錢，余刻字備給府鈐蓋公文用，緣任次長

同懋齋

令侄用字也赴新園沐浴理髮擦脚至七时返出时春風料峭頗入甚寒晚与楚卿寫函告其是非二方面遂再補寫日記數頁十二时寢

三月廿八日 陰歷二月十六日

晴 下午有風甚狂八时半起早点畢作十点十一时赴西頭老宅甫一入室即碰二姊报告五姊家事扶南甥婦又与其婆大吵而特鬧傑臣姊丈無法應付用長途電話叫扶甥由蘇州趕回攜其婦至外邊道話兼之談完已有日攜去矣忽因雪

阻滯西接螺婦潑悍不知禮法按之新舊禮
式均大謬不下去不受婆母式尊而且時加虐待
翁姑同居之勢尤其不畏人言不守禮法維戚族方
長輩亦不稍有顧恤真以古今中外少有之悍婦
也某積未赴平晚後近事毋級至老宅用午
飯叫接螺婦經余加以訓飭切囑接婦外出以必須
按月為其父母寄錢贍養渠允每月寄洋十五
元二時半回寓時大風仍烈整理書籍及檢查
費之書五時半出門至中華書局取預約之辭海

同懋

上冊并選編飲冰室合集單行本「國學指導
二種」又王直隸書局編政治月刊叢書之二「縣
政問題」一冊 編珠蘭茶二兩即還晚閱縣政問
題數頁讀書輯錄閱於研究縣政文章十餘篇
類皆從實際上研討出於泛議論附錄中
央頒行叢書之縣長須知「縣自治法及其施
行法」「收復匪區新設縣治建置大綱」「剿匪省
份各縣府裁局設科辦法」皆法規尤足備參
攷本日大公報第十版載冀省十七區專員出巡至

此乃本月廿九日大公报新闻误记入廿八日内 特注

於四月一日成立。查员工委甲等月支经费一千元，乙等月支八百元，丙等月支六百元。第二、第十二、第十三、第十四等四区为甲等。第一、第五、第六、第七、第八、第十、第十一、第十五、第十六、等九区为乙等。第三、第四、第九、第十七等四区为丙等。云云

三月二十九日　阴历二月十七日　星期一

早晴，午后阴。八时半起，至佛堂作十念。早点后阅报，与紫鹤写信，共十纸，盖答其二月十三及廿二文三月十五日各函也。午饭后出门，至意租界访常鑑三不

逗。又访刘子植，据阍云已赴南京，约清明节前返。谦又至崔竹亭（廣），据云回董原籍未还。过渡口至品澄廣，谈半时，辞出，赴法租界佩文斋，购红楼本二册，每册一角。至文华斋取牙章，另镌文字，大不满意，甚俗劣也。拟赴城内访宋旭初，因天已晚，即归。张三锡来，晚饭，以补昨日记。九时慕禄来谈，并带来送赵汉卿祭幛一轴。汉翁于阴正月遽归道山，已接讣文，于四月二号发引也。与慕禄商今春修理茔地事，据慕云，今春仍須小修，然前昨兩年所修，稍有傾頹，園牆亦已，清明前後當補葺。余全墓址與兩墳地合爲於墓旁十株去，閣家歲在平只瘢費與竹籃送鮑桂星所書扇面一件，書法秀勁有度，此而知爲翰苑中人，竹老不甚知其人，余亦記憶不清，曾於一月十三日記略載，俟返津查攷頃閱今日出版之國聞周報第十四卷第十二期凌霄一士隨筆，所載以出題割裂而被譏嘲者，鮑桂星爲最著，與鮑而有同病者爲俞曲園，鮑俞皆曾為河南學政，出題試士割裂，貽笑識者，均被劾。河南學政任事，鮑桂星河南，兩出怪題，士子亟題作詩嘲之。兩般秋雨盦隨筆備載全詩，凌霄一士隨筆已加引錄，茲不贅鈔。至鮑桂星究為何人，仍不甚明瞭。當檢人名大辭典，始悉為歙人，字雙五，一字覺生，嘉慶進士，累官至工部右侍郎，中蜚語落職，宣宗即位，以編修召，歷詹事，卒官。性質直敢任事，邃於文學，初從吳定學詩古文，後師姚鼐，有進奉文鈔、

莞生诗钞并著述、已毕、始将録桂星爵里姓字、及佚事、知其大概矣、十二时就寝

三月三十日　陰曆二月十八日　星期二

晴天氣已特和暖不似前数日之春寒八时半起盥漱毕作十念阅報将菖蒲三大盆一小盆均剪叶並倒於春分节剪叶因春寒特甚故過春分已数日趁今日晴暖剪之午饭后於二时许出门赴大陸銀行取洋百卅元赴玉興公司訪常鑑三閔志劉靜安次南下訪華陳雪軒電召陳右出王贊

商劉者材長沽息与鑑三約定俟劉子經有信
消息隨时通信。四別。四时半到宋地和定地和与
談其行屋租約及經過甚久，現已交涉結果，瑞允將
來立約者倩予作中証人之約定。六时論出遊彦
晚慧女由王宅歸，閘鄰十三爺者約予一談，談說
晚飯後，於八时訪之於天海路私寓，正值其姨甥
婦康慰霖夫人在。慰霖為富家子，与予為總
角交，且又同校於放生院小学。慰霖繼承先
業，房產多處，年收數千元，不數年間，蕩

產蕩盡現僅棲身於一間破屋中家徒四壁又染毒品嗜好近因積欠房捐數百元被財政局函請警察局羈押其友人正託鄭宅設法營救以鉅大財產若安分守成一生吃著不盡矣吃喝嫖賭任情揮霍一至於此聞之惻然凜慄與鄭談次日進現正為一實業事擬為予推薦予表示感佩臨別約定隨時通信言歸九時餘返寓亟檢點衣物備明日回平十一時餘寢

三月三十一日 陰曆二月十九日 星期三

晴 午前收拾行李衣服并检点书籍以备下午回
平 午饭後略休息剪葛蒲三盆 三时派刘二送行李
并带万年青十把至车站 余亦随行 甫出门上人力车
天忽阴云上升狂风遂起且夹雨点 车至东马路雨
止风息 抵东站 车已入站 遂购票登车 天已放晴
六时许抵前门车站 柏甫接至站茶点 遂出站 余
携零星物件雇车回寓 其行李由柏甫带其行内暂
存栈 寓後晚饭後即携万年青送至李宅 楚卿备之
胡仙长相待甚殷 急将早日二盆万年并当表示钦佩

之之意余當告知楚卿論勢實不能即回舍因胡君
情意殷殷不便固却因而如約而歸暫代幫忙但照
不能長久致力不知何日另有他處機会發生勢必前
往不可因楚卿鏡湖有人約赴長安戲院看戲十時許
歸寓美以就寢

四月一日　陰歷二月二十四　星期四

晴七時半起早點大餅八時半出门至西單乘電車
至天橋改乘人力車出城九時半抵錫拉胡同錫長老未
到稚王諸君已用早飯矣又與余另備一菜一湯於十

同楚華

时用饭，胡二玉因有韩国人二名来访，说青云店
民人债纷之事，与君府力代电呈，据又加佈告，稿
未暇，忙碌多时。下午四时晚饭，明用晚饭，今晚六时访
长至东安市场森隆饭店，晏请大兴绅士十余位
刘振善庭、增庆、高华亭、续荣石、桐燮殿斌、杨英
甫、庚嘉、金詒厚、白常文、陶润波及钟府同人、高桐
云凤、李希曾、舒治寿、范仁甫、胡钟长，结内只余一人
崔王两科长均未列席，间谈甚畅，至九时余始散
遂归

四月二日　陰曆二月廿一日　星期五
晴七時半起八時半赴部丞九時三刻到午後寄家
信一件七時後偕胡知吾一同進城還原寓休息
四月三日　陰曆二月廿二日　星期六
晴七時後起八時後出門往部丞十時到忙碌終日午飯
後搭五時進城今晚六時大興部眾紳士回請進城後先
至柏甫姪寓晤畫兒祁賓甫翁特平擬聯兩付翁聯
既成且精紙白段新祁聯維房真錦但地子太黑兩
聯均柏甫友人由山西帶來送柏甫者六時半赴擷英大

同懋華

菜饭赴绅士之约席间并讨论公司至十时始散被

胡子绍同赴楚卿宅商谈公司至十一时始还

四月四日　阴历二月廿三日　星期日

晴九时许起休息半日午饭后至李宅约楚卿朱耀东

同赴西单南秀聚园沐浴七时出至李宅晚饭晤

啸宇十时还（十一时始）休息

四月五日　阴历二月廿四日　星期一

晴九时出城十时至县府今日为植树节十时半县

长率全府职员保安队警察长警及村立小学

生至省政府，适东举行植树典禮并摄影纪念者。昨雨後精饬警队在大道两旁及省府东共植杨树七千余棵，各机关均设领，省府因公务甚忙未放假。晚七时归返城，略疲倦，十一时即休息。并与宋地和先生谈代筹来坦店镇的

四月六日　阴历二月廿四日　星期二

晴。八时三刻出门，九时三刻到省府。昨日为清明节，昨今两日每以玉泉宫门外路上见挂纸钱上坟者络绎于途。余因戎务羁绊未能回里祭墓，每见上

墳之人不無心驚，到府后即起訴韓國人在縣境大紅門村

盜掘坟墓并建房之案，此為前兩任積未解決之事，

經現任檢察之間已初有眉目。午後狂風大起，檢察廳

派檢察官書記官共往，四時到縣檢驗。前夕由外鎮相

來被事主槍傷到縣不久即斃之盜鄉匪一名，驗畢

即用葦席捲出掩埋。六時進城至栢甫處，又食飯一

頓，談甚久，并取來翁同龢祁寯藻對聯各一付，九時歸。

十一時休息。發韋鑑三一函，接王頎忱一函。

四月七日 陰歷二月廿六日 星期三

晴 七時餘起 八时三刻出门 十时至训练府 八时餘归
闻隔房大声喧嚷 人声鼎沸 杂以哭声 入视始知噪
闹字因南经壓眠下去 不意以自命读书人而出此缺
理醜态 野而气燥 附不舒 然急不能同一见识 惟有速
谋远避之策 十时後即睡

四月八日 阴历二月廿七日 星期四

晴 九时到训练府 以事無多 胡之遂代拟各函多
件 接宋旭初之一函 由今日起 订阅北平晨报
一份 七时後同胡之进城至舍饭寺 李宅 黄涛

泉聆談少選竹翁至余與談笑如常察其面

頗形自愧余對之似作睨了以為無其了然生許久

竹去余與楚卿備之昨日至十一時始還

四月九日 陰曆二月廿八日 星期五

晴 九時到府印批接收南苑地方以設及指稅局

件呈稿七項晚稿胡仁宜核定後交繕下午代拟

私函稿三二件 七時進城食炸饅一碗十一時寢

四月十日 陰曆二月廿九日 星期六

晴 十時到府批判文數件接見採育鎮警長亘李

巡官午后胡已将两所我拟之函稿带下，甚承
嘉许，并以老事奖赞，遂谈及去清事。胡
即出所藏张猛龙碑、乙瑛碑、韩仁铭、圣教序
各碑帖中拓本，均为精湛。与宋旭初兄及宏见生
商行各一件。五时偕崔景行进城，至撷英番
菜馆，应前任宋润甫科长之约，七时散。同
座者共杨李冯云震、袁进云、龙科长、匡生、周联吉
收费、高念祖、希首。八时散，进城时狂风大起，飞土
扑面。十一时寝

四月十日　陰歷三月初一日　星期日

早陰有風午後轉晴九時半起早點後作淨課嵗晬晚與王頤枕所寫復孟午飯後至竹盦書室一談二時偕梅赴爛縵胡同訪卓月波已外出候片刻歸寓至七十二號張宅吾房去拜嚴潔淨託月波議价買至西單南菜聚園沐浴理髮掛鋪修腳歸晚餐服藥今日因係一日清閑覺身体爽快異常晚間精神仍旺毫不覺疲統計一日服藥十粒十二時寢

四月十三日 陰歷三月初二日 星期一

陰八時起九時出城十時許收到叙府天陰甚濃寒候又涼批判文廿餘件核一科稿廿餘件擬電稿一件午後二時許小雨繼以冰粒不久即止五時半進城沿途車路兩邊綠樹萌芽春雨之後氣清樹尤爽快柳條遍新萋色彌野暢人心目進永定門小雨又作急改登電車天橋一帶道路泥濘行人稀少至西單雨又漸止換房以由七時至十時許雨又漸大繼以風聲甚宏頗討鬧皆至罕北晨報接王頤悦函十一時寢

四月十三日　陰歷三月初三日　星期二

陰　昨晚大雨至午夜始止　今日报载平津及冀豫并各省皆已普遍得甘霖雨　仲春时雨霑沛　殊於林農業有益過　午时偕赴郊府　城外绿柳吐縈　一望新翠生氣備清新　到府趕印某　偕昨日郊府所拍某之郊路会議之案　批閱收文十件　代拟函稿一件　撰常錯三友函云　陳之事不直遲早向题　于以与刘子明之写信询素平日就印发　五时半進城　晚飯　写改蓮連池講学院一函　索講義樣張及公開革　閱北晨報載

王寵惠就代行政院長時對職員訓話略云本人奉
命代理院務今日與諸同仁首次見面特將本人希望
兩點簡單說明（一）希望院長早日恢復健康俾一切政
務有所秉承并慰國人之望（二）希望諸同仁一秉院
長服務精神在院長請假期內更加努力工作提
高行政效率 行政效率之提高一為合理化一為經
濟化所謂合理化即減少文書上之無謂繁複手續處理
有當[illegible]
事務之求簡捷迅速所謂經濟化除金錢外時間
經濟亦極關重要世界科學之進步共同一目的即

在以極少之消費或勞力獲得最大之進步效果政
上之多數吾人服務國家應具個人最大之努力今日
之事應於今日做畢不要拖延明日又應時時求進步打破舊
日維持現狀心理等語行政院長蔣公因病請假以王
部代王部長為外交界名宿以上訓話對於原任院長
及全院僚屬措詞均極得當真不愧外交家詞令之
也整日天氣極冷晚九時又有風十一時寢

四月十四日 陰曆三月初四日 星期三

晴風甚大今日赴府招集財政會議大興區紳白浣

亭先到府来拜谈未白君与王鹤年为初家又与王
祝三及刘宇民子欣昆仲均至好白君等是国会议员
维闻地方事人当以正和平因风大多乡区士绅到迟
延至下午三时始开会最要议案为筹边车肴令由
本年上忙开始粮赋附加国币为河北省通案各县已多
实行兵役车令已经数月前两任均未实行且因
此县长皆受处分今日竟仍无甚讨论而通过据大
兴县每年粮赋一万三千两上忙合九千一百两每两
附加四元约计每年可收三万余元至六时散会七时始

同想
进城至李宅托朱壹山代兼雨三写对联胡伯长
亦到十一时还
四月十五日 阴历三月初四日 星期四
晴 早事无多五时进城至柏甫处吃锅贴饭后八时赴东
四北汪芝麻胡同八号访刘子明谈陈雪轩有信外给
江西主席经过及前次陕省情事甚详谈至十时半
将资生探询宋地和引荐子明语气甚坚决对地和
方面要求加价乃无除已允之三角外无再多加意且十一时
还

四月十六日 陰曆三月初六日 星期五

陰，午前暖，已可不穿大衣。十二时左右狂风大起，沙土蔽天。下午三时接宛平县县長林君電話，知慕韓第四区白新莊請願民衆代表已到县，向县長請願，并告妥慎处理。因风势正大，電由盧溝橋至县府電話时被风阻断，故咸聽不甚清。三若五时省府派参議陳慶雲来县協助处理大紅门村鎮人營主塋墳墓一案。因傳鎮人不以遂無结果，當晚返保。震命余於六时進城至柏甫家，雨大衣即踈。晚与宏兄寫信告以本日生眠六

不覺困倦十一時寢

四月十七日 陰曆三月初七日 星期六

早陰雲密布頗有雨意 天氣亦殊寒 九時半出城東南風迎面而來甚寒 十一時風又漸大 終日不止 至六時始斂跡長空明朗 十二時在孫府招集保安隊訓話 即時裁汰一中隊 又定下星期一出巡各鄉區 六時返城

四月十八日 陰曆三月初八日 星期日

晴 午飯以後至西單一帶閒遊 在地攤購王百穀謀野集殘本一冊 洋紙鉛印版 殊不佳 至李宅 今晚

朱壹山在李宅宴客余因事婉辭與楚卿聊談赴
弟聚園沐浴八時返晚餐後與竹盦暢談覓房遷
居事

四月十九日　陰歷三月初九日　星期一

陰到縣府後胡縣長已偕鄭秘書及隨員警隊下
鄉矣呈報各府委余代拆代行

四月二十日　陰歷三月初十日　星期二

未記

四月廿一日　陰歷三月十一日　星期三

宜今々吉日由遷移爛縵胡同三十七号張宅院之日

先搬移花瓶并於本々記粗

四月廿二日 陰歷三月十二日 星期四

未記事

四月廿三日 陰歷三月十三日 星期五

晴 實行遷居 晚召警察局警長王心正保安隊副張奎斌改姜楼之宴

四月廿四日 陰歷三月十四日 星期六

陰早并小雨午後晴未赴三七午以搭四時特快車回

津楊村以北天氣晴朗過此以南即見陰雨至津站

陰雲仍布詢之車上人始知天津由昨晚細雨至今日午後五时始止东站下車見道路甚泥濘搭電車至东南城角改乘人力車回家

四月廿五日　陰歷三月十五日　星期日

晴午飯後至新園沐浴五时赴宋旭初宅談進渠与阜东昌續租引岸事已解决惟与女姪長穎家務及分炊事尚未解决晚飯後隨鶴孙袁士峯赴河北訪長穎磋商支配一万三千元事因渠方多枝迄未妥定延至十一时始辭出至家已十二时矣

四月廿六日 陰歷三月十六日 星期一

晴暖 早理髮 與宋旭初寫信一件 請大對於鄉糧乃加以眷量以免爭執不決 十一時赴大陸銀行取洋一百廿九元備付漆房房租 一時午飯 長稜來訪談 一時至三時赴車站 在車上晤殷季衡 談甚久 并留通訊處 六時三十分抵平 晚卓月波來談

四月廿七日 陰歷三月十七日 星期二

晴 九時赴兵工及慕恬 六時歸 收拾書室

四月廿八日 陰歷三月十八日 星期三

晴九时出门若田送去共时仅二刻归修二时归疲倦
甚十时休息

四月二十九日 阴历三月十九日 星期四

晴暖棉衣已不能耳犹为已换夹袍矣余因早出晚
还仍着旧棉袍早晚看田种洋凤仙牵牛花两池
口西甚多因改一科至第三区专员之工积甚多
怒愁将已改之稿撤销全付殊少明之事皆由委过
席仅需时二刻钟也晚补写十八日之日记

四月三十日 阴历三月二十日 星期五

晴 九時出城 連日天燥氣乾 稍有風即塵土飛揚
到署後事甚多 終日未得休息 六時還寓 小唐
來 今日發薪 四月份薪水

五月一日 陰歷三月二十一日 星期六

陰 上午事無多 午後閱財政廳所出版之財政研究
有行政訴願一文 頗堪研討 又閱省府出版之河北
有張文襄公全集未收之文數篇 遂加點閱 午後狂
風大作 飛沙走石 天為之黃 五時隨胡、王宇文兩
君進城 應全民報社社長李穎蘇君之約 在報社

饭后进城时正值北风大作车行永定门钱不能前

进尘风土满身又经雨点鼓下江殿自故处无减且风

尘满襟六时抵社风亦渐息八时入座余因已甚疲

困晚餐略饮一二杯不饭后主人提议作北里之游余

因人多婉辞而返

五月二日　阴历三月廿二日　星期日

晴七时起早点后作净课与萧雲鹤作书复尧上

明致津两函中十二时作午饭一时许赴吾聚园沐浴

因无官座而出赴拾饭寺李宅与刘楚纾睡眠正

酣未肯驚動稍坐而出時正驕陽肆威射於身上
炙人甚烈昔吾夏日改赴西四華賓園沐浴園甚潮
大潔淨而平市西城昔屈一指之澡塘也入其房間
澡價六角但理髮擦澡修脚其價甚鉅次其澡塘乃
廉茶役亦無甚苦習六時半出仍至李宅楚卿依
然高臥未醒遂返寓晚餐十時寢

五月三日 陰曆三月廿三日 星期一

晴 上午到府後南京內政部考察行政團員已於八時
行到府部長未到臨時電話通知趕到招待十一時

北去午後天氣更燥熱 陽光炙人甚於火熾 維未立夏已儼然夏天氣象 余仍著棉褲舊棉袍 至四時後室內陽光照射滿窗 大不可耐 午睡歇後六時往看 前時晚餐 晚打南電話 約任 晚至女行中吃鍋貼 十一時寢

五月四日 陰曆三月廿四日 星期二

晴 七時許起 午後狂風大作 燥熱異常 五時半進城 赴栢甫處吃鍋貼 餛飩 為對蝦 海蜇 小白菜 食後腹漲 詢知渠行由津運貨來平 向交汽車費運甚夥

出至珠市口 欠清送李子仙魯帖 至九元(?)

近两日天气炎热，余之应用夹衣均在津未带来，
拟与家去信送交兴隆洋行随货运来平。九时归，
甚觉疲倦，提前休息。

五月五日 阴历三月廿五日 星期三

晴。七时起，八时半赴县公署，今日为宋县长明轩太夫
人设帐之启奠，察要人均赴津祝嘏，胡县长亦往，
日未到府。午后仍起风，二时写同人李仲鲁令嫒于
归，婚先五时半偕崔景南赴城至鲜鱼口，婚礼已黄
油收场，六时至柏有家食熬黄花鱼、烹对虾，八时归。

今日立夏

歸午茜君家信索夜衣並開一單寫與單植忠即
送興隆洋行交崔九候罡從之便帶平

五月六日 陰曆三月廿六日 星期四

晴 終日涼爽不似前兩日之炎熱 報載馮主席巡視
各路昨日已至房山胡翔長兜一共陸續來餘言防务科
加以準備五時東北雲起天陰甚沉似將降雨接連
日來旱燥熱之象亦將有雨意六時進城十時後
降小雨旋止

五月七日 陰曆三月廿七日 星期五

晴七时起九时赴署天朗氣清且無風塵城外汽車
路旁綠草如茵雨濕潤報載昨晚十一时平津均有
小雨無怪晨間出城涼甚被袍幾不能去耳大口村
截近日宜陽縣長因有侵吞公款及其他瀆職行為
奉省令調其至省詢問並即棄職潛逃又某縣之
警察局警長實施毒犯被捉正值涵主席出巡
而被捕解省府以上兩案本府尚未奉到通令午後
胡々赴市苑去晚未歸來五时半進城晚飯小飲後
胸間漲以藥解之遂愈十一时休息

五月九日　陰曆三月廿九日　星期日

晴。約崔景南、王守文、卓月波十二時吃便飯，已約未到。北京市劉鯨高十二時入座。余因陪崔君飲白酒略多。今日大興紳士即鄉府教育股主任李仲魯女士于歸，假長巷頭條飯莊舉行。余因請客便飯，未往道喜。四時赴第一縣園沐浴。六時仍赴李宅賀黃諱泉孔棣、巫少鑒、竹翁、益之。玉十時赴仙宮理髮。十二時回。畢。竹翁來談，許久。并送蔚然煩之畫，計夢潭煩一幅、子荇煩一幅、楷甫之友蕭雨三一幅。

五月十日 陰曆四月初一日 星期一

晴熱甚。蕭夢譯畫至府，交胡子轉交。晚楠甫來。

五月十一日 陰曆四月初二日 星期二

晴熱，昨日尤熱。已換毛葛大褂。八時許以第三區行政專員王冷齋、秘書洪大中、科長張壯之於九時來謁，胡子章府中上級職員招待，旋坐胡子陪往一區內一村內復勘去秋所報旱災，十一時返區，並設筵款之。席間與王專員談及民十五六年間在開封相會〔聚〕之歡，光陰似箭，轉瞬已經十年矣。

回首腾何其感，并言君此时正在翩翩少年之时，现在面貌不免较昔稍清癯之。盖当民十五六年之间，余正在汴下代理河南省银行总理之职务，且兼郑州陇海火车货捐局长，中年风顺川，身兼数差，每日杯不（昔时当年知事亦在此并许人）离手，经常满坐，上下不分，王君亦余座上之不速客也。回想彼任省政府一秘书，回首前尘，令人不禁今昔之感。接柏甫电话，知肆房所寄被衣已以应付。进城，与柏甫要取衣包，因天气甚热，亦还。

五月十二日　阴历四月初三日　星期三

晴熱甚午後办公室窗上西曬陽光滿室鬱蒸向人与收發劉君商設法遮陽光之方據云拟購葦簾一挂余告以但能使室内陽光不致逼人乃以办公室於用何方法并無成见云云按就余經驗凡屬公署機關無論大小每至夏季概有涼棚一至春暮即可請領臨時費以作搭蓋涼棚之用不料大興縣府窮到并涼棚亦不能搭同屬國家官署同為國家服務者市各廳局皆可請費購料惟經常費亦極不敷無可挹注且又無臨時請領之例國

家待遇公務員之不平等實屬無法諒理余平生從未任職此項官長而所居如此室又適值東房今夏恐有不能長受此苦之虞 晚飯後因患天氣熱向氣候異常

五月十三日 陰曆四月初四日 星期四

晴 休息一日 午後一時許狂風大作 黃沙蔽天 天氣熱異常 二時許李繼蓋來 煩寫扇面四個 談許久始去 擬中山公園 惟因風大而止 夜雷聲大作 略降雨

五月十四日 陰曆四月初五日 星期五

陰 天氣忽變涼爽 昨日室內華氏表八十度以上 今日

已降至六十余度矣 六时进城 天正密阴 且降雨点 晚

因风势较大 雨未得畅降 赴西长安街 应(由何处)郭秀员之

宴 席共三十桌 敝府职员自课员以上皆往 宋部长

及傅佟并二郊绅均被邀 八时余席散回寓

五月十九日 阴历初十日 星期三（早阴并降雨一阵 午后晴）

晴 晚将李铭鼎遍两烦之扇面写就四件 接萧

紫鹤由汉中来函 约五月十一日雨甚

五月二十日 阴历十一日 星期四

晴 五时进城 至栢甫处取回服由津带来之衣

包一件内有所要之图章数方但剃来之章多不全铃扇面用至前外观音寺铺送李宅喜子幛料九尺用洋四元三角出时返庙时正狂风大作密云四起旋又被风吹散晚饭后将昨晚所写扇面铃章以就正李宅十时归旋即休息

五月廿一日　阴历四月十二日　星期五

晴　五时一刻进城至撷英番菜馆盖余与崔景南王守文三君共同作主请宋益松长及同人到十一人八时散即归

五月廿二日 陰曆四月十三日 星期六

晴 十時赴聚賢堂為李紹蕙遊芒之結婚賀喜 玉对家人到者甚少 晚戲座上玉其本宅与楚卿 晚後玉一時同往聚賢堂看花轎儀式概採舊式 惟新娘与对披頭紗而服新禮服 三時偕喜轎 玉即在飯莊拜天地 男家紛紛回宅 玉五時偕新婦將由飯莊回宅攝影 晚待客三席 甚不佳 晚大風起 九時偕、疲極歸

五月二十三日 陰曆四月十四日 星期日

晴九時起早點後尚古齋裱畫店劉彩計來將潘
祖蔭上言對交其帶去揭裱，所欠裱畫賬十餘元約
定下星期日來取。午飯後小睡一小时，醒後精神頗不
佳，全身且無力，痛苦不堪言狀。飲熱茶數盞，至四
时勉强赴西四華賓園沐浴，今日在頭等六号房，價
三角，招待甚好，經此一浴身体頓覺爽快。八时一刻
始出園返寓，晚飯甚能健餐，十二时休息。

五月二十四日 陰曆四月十五日 星期一

早陰雲密布，且降雨一大陣，於睡夢間淅瀝之聲

七時半起，後雨又漸息，八時半雲散而微現晨曦矣。
天氣甚涼，起並時重身禦夾衣而仍有寒意。
九時半到撫府，接張長儒信，來函託為其父子謀事。
繼以二事爲撫長亦未到署，午後略睡，至五時半進
城，返寓後，收拾書籍，晚餐鰣魚，此為本年第一
次嘗食，味也。今日食量較多，故繼之精神甚好。

五月二十五　陰曆四月十六日　星期二

晨陰，並略降小雨，旋即放晴，十時後已大晴。前經
縣府捕獲之向國嘉四名，由坤擬判極刑，呈請

省政府核示。今日奉到省府轉奉墨寶，縉請主任以書。接金標准昨即抵杭行轅，府已定于明日午時派保安隊張大隊副監視執行。此為胡秋長到任後第一次槍決人犯也。三時許起風，陰雨。四時後風漸息，小雨淋淋，漸降漸大，至五六時雨勢益大，似有通宵之勢。農村現正告旱，經此一夜小雨，頗利農田。氣候甚冷，已御棉袍矣。晚飯後，將張遜群大字七八頁。不習大字者已四閱月，手僵腕弱，退步更多。早擬每日退食之暇，照常作小字課

同懋章

惟數月來終日案牘勞形晚間實無精力再從事於修學耳

五月二十六日　陰曆四月十七日　星期三

晴　昨日夏雨竟日至午夜始止今早新雨初晴天朗氣清出氣亦覺常新鮮惟氣候甚涼薄棉著猶頗覺合宜到府後外長胡公正籌備執刑毒犯之事十時許先將四犯由拘留所提出親自代為攝影所用攝影機為館膠捲數張又令代府內同人崔君為君各攝一影之約余攝影余不欲與將死之囚同攝入

一樓膽怯之內婉內污之至十一時遂將應執行槍
決之四毒犯提出加鐐點名後鐐赴大紅門村近西由
保安隊張大隊副押令監視處決四犯中只有兩犯
尚能言語其餘兩犯已魂飛魄散矣午後天忽又陰
降雨片刻而晴六時進城晚飯後臨張遷碑六頁

五月二十七日　陰曆四月十八日　星期四

早起陰忽晴氣候仍涼著綢夾袍赴衙幾不能支
十時忽又雨風勢加甚片時胡也來到府接趙品涇函
內附三月間寄予寓一函因住址門牌號數寫錯

被郵局紙回共一函兩函大意均欲謀子并稱貸
揣其函內語意似爲訟爭多年之坦灘已告失败
此君數年心血及金錢爲此事而耗費已盡若果完
全失败所受激刺不堪言狀其個人前途亦不堪
設想論交誼本應代爲速謀一地稍予慰藉但以
余現處之境界實無能力爲其代謀稍遲當懇切函
慰之與慧女處一信告其下星期五六回津屆時可將前款
水菓回寓渠即赴歸途至新世界小市一趟購藤
椅子一對價二元六角返抵寓所晚餐後心神抑鬱不快

默念佛號三百聲十分休息

五月二十八日 陰曆四月十九日 星期五

早晴 下午五时許由西南方黑雲上升勢將大雨至六时即被風吹散 略降數點而晴 晚飯後出門至騾馬市大街購水果及物而歸

五月二十九日 陰曆四月二十日 星期六

晴 終日燥熱 部府余之办公室為东房由午後二三时起陽光滿射室內窗下办公桌尤首當其衝实不能办公 前曾与主管人商遮日光之具日久不办

居停主人亦熟视若无睹今日胡二午后到室六言屋内日晒太热第一科长崔君娘承意饰人精欠买苇帘两具

五月三十日　阴历四月廿一日　星期日

晴　午后大热较昨日尤甚午饭后略睡四时赴西四华宾园沐浴七时许归出又至万国理发馆理发八时半归毕至李宅至十时始在该宅吃晚饭十一时归　还清为古斋裱画帐十六元

五月三十日 陰歷四月廿二日 星期一

晴到府白寶前輩簾居然已掛上矣午後垂簾仍不能使驕陽不入但[illegible]較無簾猶勝一籌耳今日發五月份薪除扣共諸同人禮份募捐及預支外僅領八元有零又還押費飯費所剩已無多矣接尹大錫函託謀事

六月一日 陰歷四月廿三日 星期二

晴赴財政部到府今日我府接收南苑地方以改設營市局所征清道捐鋪捐菜業捐與費屬審

稍早八时，物府二科科长、警察局警安章警
察长维正在莒市局办理交接之际，南荔吉号
鱼均罗布旋有流氓数十人将物警包围，给以碎
石袭击，致伤警察八名，警察所时驻所之吉
祥客栈亦被捣毁。物长当即赶到召集民众
讲话，并与市会代表接洽，无结果。至晚仍罢市
中，并于时聚集流氓街头。至下午四时物长及警
官等均回府，由余拟电稿一件呈报省府，脱稿后
六时三刻归途进城，接宋鹤要我出谈，一二日赴津，盖与同东所言之

六月二日 陰 歷四月廿四日 星期三
晴 九時茅川稱聞南苑仍未開市昨日晚所抄電稿
因字多費鉅又改代電矣今日各報對於昨日南
苑事均未登載小實報尤詳細而且翔實昨日之事軍
部未予協助暴動之以亦未逮捕暴徒致趨
説鼓事之以仍無悔悟之意而罷課罷市一節亦
不能解決南苑地面五方雜處地痞若混亂某
六間再加營市局之任王國宸意存把持不免鼓
惑地痞致有反對方會長白漢卿亦為暗中主動

最大嫌疑人胡縣長十時以赴南苑午後四時歸

未甚表示不便深詢之復宋鶴蓀平快函一件

告以星期四即六月三日返津并約以星期五午時來

屬一談又與曹安寫信告以昨日回達府返城

六月三日 陰歷四月二十五日 星期四

晴七時起八時許赴縣府南苑仍在罷市中并

散放印就標語十時許胡縣長由城內來電話

謂接委員王冷齋電話云宋委員長已有電來

令查此次為首之人屬余擬一代電報告午後四時

胡君到府核阅电稿即饬缮发余向胡君陈
明赴津之事当经允准惟唐再与冀察政委会
冀察绥靖公署代电报告并又补报省府委员
南苑市会长白韩卿及章众殿儁冀察绥靖
刘洪起马兰芳为次累以罗市长之主使人再
行赴津余遂即封办行政进城余原拟今日
回津因有要事待办故今午又发家信告知改乘
明日早车赴津今日已将应办文件加以决定
明早回津也

六月四日　陰曆四月廿六日　星期五

陰晴不定　七時起　擬搭八時車赴津　旋因時間太促　改乘十時華通快　九時三刻到站　將抵楊村南現正修新路　車須緩行　因此提前十餘分開車　甫登車即開行　一時後抵家　尚未用飯　鶴孫即來　一面談話一面進餐　鶴孫去後即赴新園沐浴　在澡塘用晚飯　與李仙舟談許久　仙舟自青島中央局今被調回津　即服務於天津道院世界紅卍字会　出新園至中電局

購皮數〻錢〻囊〻兩個併分送王守文崔景南
兩兄十時至品澄序棧與言渠訴厥現狀余告
以王親三與現任長芦鹽稅局長李子寶有
交誼渠即託余煩親三代爲說項并託余代
親擬函十二時歸

六月五日 陰 陰曆四月廿七日 星期六

陰午後并有陣雨下午七時赴南市泰豐樓
宋鶴孫之約高少峯因病未到飯後九時余赴
河北九靈宮宋長發宅談至十時散出赴點

同慧筆

澄齋既出十二府歸

六月六日 陰曆四月廿八日 星期日

晴。十時王頤忱來訪，延之同月絡以來，每逢星期日必來閒談也。午飯後小睡，孫毅、鶴孫來，繼昨日約定今日午後二時玉英宅簽合同。久候簽不至，恐又出問題也。余先因午睡過時，鶴去後即赴鼓樓東宋宅，晤旭初，旭初今日只談風月，對於家務及引罷事一字不提，余亦不便詢。詢鶴孫旋歸，持合同來，玉樓晤以全手續

在中友人下簽名蓋章，漢主合同人皆未加蓋
圖章之地。和旋出門，余與鶴聲始談判李鍾
門，乃渠滿口允許。十時~~後回家因以西湖楊~~
~~華樓即先果談及鍾門事~~渠赴品澄家。

六月廿日　陰歷四月廿九日　星期一

晴。午後日長穀來言及鍾門恐不能多得，將來
只一千家，即將其事與余合作，余慢慢應之。夕至宗
宅與旭初暢談，余亦將鍾門問題向其討論，旭
初亦滿口答應，即以王集一鍾歸余承加，并言及

代办人選渠之張即由傑臣去办十时返寓慕韓已先出又与商議多时渠亦有推薦傑臣意十二时慕韓始去时小雨淋々

六月一日　陰　歷四月三十日　星期二

晴八时後起早點後十时出门赴河东意租界訪劉子明聆談於院中樹蔭下談及宋宅要求兩家鎮门事不能絕對不承認余只擬提及有余一家渠即允向股东提議約到平電話報告余將出与竹亭同赴河北訪宋長馥已出门候一刻始歸

来告知刘子征对铁路局经过并将旭初之所托

柏逵之笔只好另与陈言之并将所费之所之返

两件交与一阅十时半始出赴鼓楼东访旭初

报告今早到晤子征长谈经过旭初留午饭二时二

时返家匆匆收拾行李三时赴东站回平今日天

晴赫热甚午后三时尤酷热赴车站路上骄阳炎

晒甚不可耐到车上更觉疲极六时半抵平回家

后即觉疲惫异常

六月九日　阴历五月初一日　星期三

連日在津奔波劳力已属不支又經昨日車
上受暑今日身体大感不适請假一日未到部办
公在房休息

六月十日 陰歴五月初二日 星期四
陰 早小雨片刻身体仍覺無力又休息一日

六月十一日 陰歴五月初三日 星期五
晴 到府办公下午在府投標各種捐税監視
紳士到者白煥章馬、、等五时畢

六月十二日 陰歴五月初四日 星期六

陰晴不定早晚覺腹瀉到部府又瀉一次午後又瀉且作燒今日胡部長宴請國府職員眷屬將入座余因疾先回返寓致痢疾甚疲憊

六月十三日 陰歷五月初五 星期日

晴 痢未愈不思飲食午前派老田持片至胡口叚為太夫人叩節并與說三寓一函進周品澄函及代擬致李子寬局長函飭老田送去午後食卓宅施捨方治腹疾丸藥一包食後腹痛即止晚睡時又食一包

六月十四日 陰曆五月初六日 星期一

晴 痢疾已見痊 登厠次數已減 惟厠時腹已不痛 草宅之藥甚有效也

六月十五日 陰曆五月初七日 星期二

晴 疾大愈 但仍請假 下午改赴西單商場園沐浴 六時歸 與宋旭初 鶴孫寫一函 詢問續何日印書

六月十六日 陰曆五月初八日 星期三

晴 川府五日

六月二十日　陰曆五月十二日　星期日

休息一日未出门

六月二十一日　陰曆五月十三日　星期一

五时陰雲四布雷聲遠鳴小雨即止晚与萧

紫鹤安伯称贷二万元又与慧安写信一件

六月二十二日　陰曆五月十四日　星期二

陰晴不定五时餘進城逕赴捨飯寺李宅时

正天陰甚沉但未降雨氣候頗涼爽據云保定

有大雨晚在李宅用飯胡秘長亦到谈至十一时始

歸

六月二十三日 陰歷五月十五日 星期三

陰晴不定到部府以擬王頤忱一函慧女一信頤忱函仍託謀予慧女位仍留暑假學校及服務事午後有陣雨氣候甚涼午睡仍御棉被胡君經君來到府共子無為與劉子級君飯通電話知共今日來平詢鎮江事據云王集鎮江交由余办已不成问题惟因張長博鼎郎與卓東昌條件尚未議妥現办王集鎮江之鄭秀生奉修由

張長班萬頃侯張長弓為解決煤礦糾紛將王集宗回
并云在最短期間內為解決余又切託維持
幫忙子明慨然應允六時進城晚飯後赴萬聚
園沐浴十一時半歸夜一時降雨氣候甚涼
六月二十四日 陰曆五月十六日 星期四
陰晴不定未到府請假下午一時代李紹蘧寫送友人
換新扇面書小蔭張紹英續四時赴李桂卿宅
借洋五十元陳鶴亭談宋地前事甚久晚飯
在李宅同袁胡鈍長亦到李名道託寫面

同懋年

志業回校夏慧女一齿名兴弥学校并告
昨日与劉子明接洽鎸印乃又要大小執及名刺
物並在车所阅实執嗣后每三天寄國一次天
津房所定阅实執印信止十时半由李宅歸

六月二十五日 陰歷五月十七日 星期五

陰晴不定氣候甚凉爽十时后到府胡鈞長未
到府五时三刻出進城晚飯后習小隸字

六月二十六日 陰歷五月十八日 星期六

早陰午后晴氣候較熱黄田因病請假另覓一

人代工 此人年已五旬以上 拉车已非其年 况以五旬
外之老翁 犹能行此长途 由厂甸抄府费时尽
一小时强 藉田为费二十余分 共行之远可想而知也
五时半出府返寓 决另找车去晚饭后至西单
商场一游 为日未久 入闹市 又在万灯火辉煌之下 人
多路狭 摩肩接踵 目为之迷 购湖社月刊十
七册 每册按五分付价 廿闻该刊已停版 旧存
之册均之陈之肆上 怀调查每册最廉不能过五
分钱 廿三至华英购乱眼纱一疋 价二元九角 又购

舊洋布七尺價一角備做蚊帳用也又購茶葉
蚊香等物十時未返寓
六月二十七日　陰歷五月十九日　星期日
陰午前天氣鬱悶而熱午後小雨旋降旋止新
找車夫姜姓年二十四歲由今日起試工午後三時往
赴東城訪鄭仰宗略坐旋出復至迴布胡同
訪王祝三託品澄所煩之事晚寓在祝三處用飯十時餘
出時至東安市場匆匆一遊購海岳先生遺墨一冊價
二角十一時歸寓　放晴矣

六月二十八日 陰歷五月二十日 星期一
午前陰午後晴熱 批閱到文五十餘件 胡鄂公來府 五時三刻進城 就上工 姜姓來 去每次須約四十分 接舊女廿三廿五兩封信 擬以致沅叔 我輩若於晚上寫回信 望絕勸阻
六月二十九日 陰歷五月二十一日 星期二
陰晴不定 氣候甚熱 晚飯後至騾馬市理髮 晚蚊子甚多 成羣結隊 使人坐臥不寧 由前日經祝三兄傳授運身之法 業已實行三日 每晚臨睡

前練習二十餘分練畢登床頃刻入睡擬持之

以恒能使身体日就康健

六月三十日　陰曆五月二十六日　星期三

晴燥熱午後二時代胡村長對第一區鄉長訓話分

四事一關於留置黑地事二訓練壯丁事三催繳地

方款項事四鄉公所實行改用物存蓋印帳簿事余

訓話後又由警察局之警長講解訓練壯丁事廿三年旅長

又召集本府各科長及保安隊警察局討論地方

款項預算事五時半進城晚飯後赴一品香沐浴十一

时半睡一时以后二次夜三时以后大雨 今日是六月终结拟出发廿元除

七月下 阴历五月廿二日 星期四

早六时醒闻大雨倾盆遂又入睡九时起时已渐小至十时雨止赴车站路上泥泞之甚知夜间及今早雨势甚大也入夏以来恐雷不雨者已数日农田盼雨甚切今日之雨大雲沛甘霖颇利农事胡公

昨今两日未到车站余每于进城时于中途过之始赴车站也晚饭后大解甚畅连日颇觉燥晨起后已两三日不排燕习惯大便矣

七月二日　陰曆五月二十三日　星期五

陰　九時一刻出城　十時餘小雨　旋降旋止　五時餘
雖存甫上車　即降雨　益下益大　天際彤雲密
布　街上泥濘　雖行檢房　畧止　晚八時後又降
大陣　經半時始畧小　氣候甚涼　寒經霑且冷
但勻停小雨　經夜未止　氣候轉涼

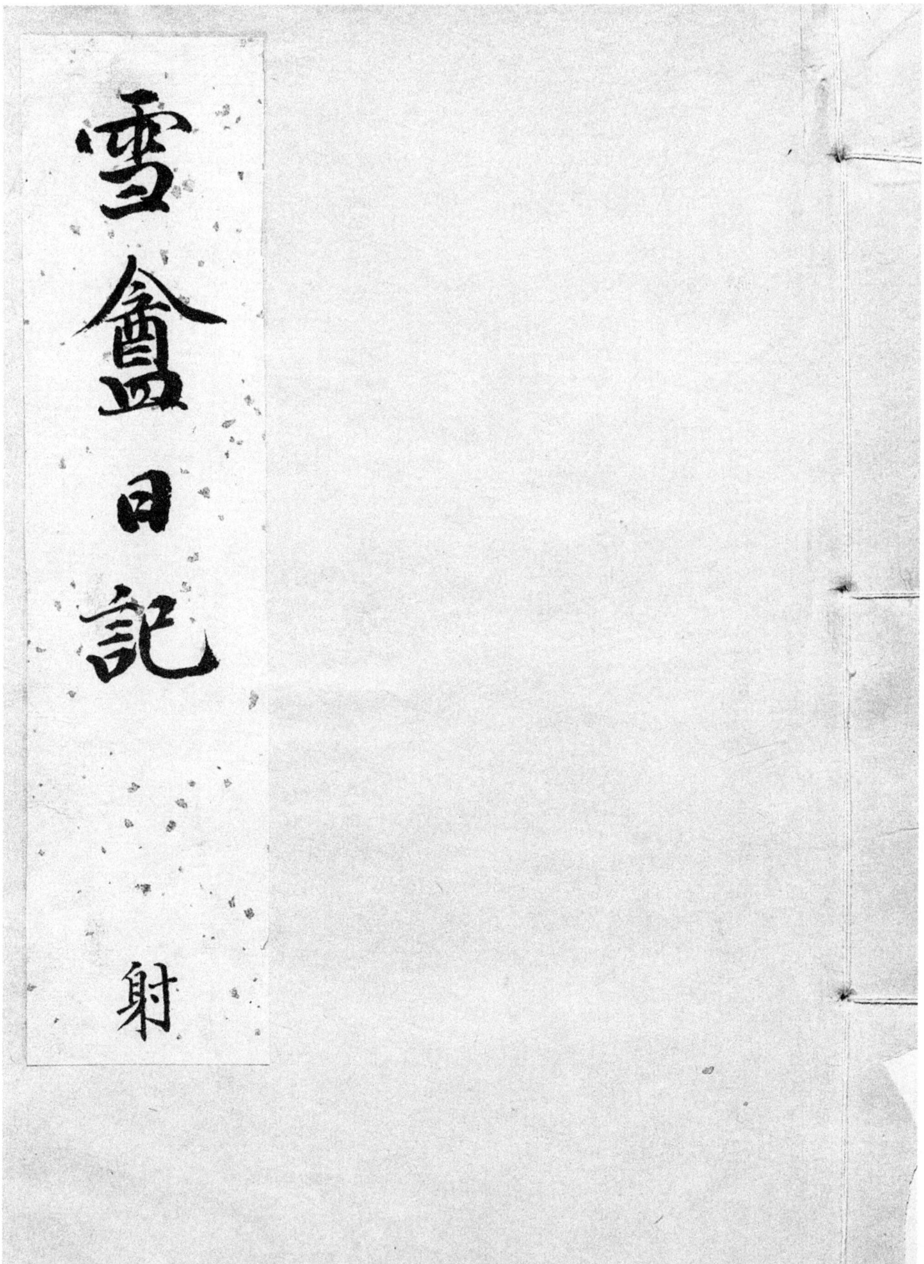

雪盦日記

射

七月三日 陰歷五月廿五日 星期六

早陰九时後晴 昨晚豪雨擾閙至今晨三时始停 為今年未有之大雨 十时出城 街市道路已乾 惟北東横街積水不易行 仍改從西珠市口轉赴永定門 一出永定門 見鐵路橋往南汽車路兩旁積水如溪坑滿溝平 蛙聲齊鳴 路旁柳樹清新如洗 遠望田中稼禾尤欣欣有生氣 蓋入夏

平郡苦旱已久，經此半日半夜大雨，足
可霑沛矣。十二時卅分，府批閱公文，胡科長來
來，擬第四科所擬代電測報本府雨量
為三十一日分止。一時午飯後略睡，校濟滄楊
英甫來，兄託為代向本府請領廿六年度
補助費五百元事。五時三刻進城，仍往珠市
口晚飯，後偕梅赴西單購物，余購線襪一
雙，方舟戲劇畫刊第一冊，又至西長安街

婧長安戲院定婧明晚陸西昌偕社戲
票兩張。十時睐十六分練習全身術即睡
七月四日　陰歷五月廿六日　星期日
晴熱。十時赴宣內老葉街七號孟竹盦新
居，由西竹盦遷移新房，係第一次往賀也
房為今春新購，計二十餘間，院落甚寬敞
四面房屋皆有，群牆院內樹木甚多，兩門外
平列老槐四棵，蔥鬱茂盛，頗壯觀瞻。孟君

天風[illegible]

出身孤露弱冠隻身由冀原籍出外
奔走甲午從劉忠誠公銘傳山海関軍幕
積資保升佐貳遂訖鼓白下已繼娶妻王
家民國以服任職漢口於鹽務稽核處數年
三四年告終職稽核署北返寄籍北平遂

余以半生七十年終生辛勤以營小菀求衣以為道若之時美搞業美操不忘此生耳 孟君

生辛勤赤手成家現年已六十八矣自息影
平市以來以書畫自娛好作山水頗具清秀之
致閒共書畫繪無師承蓋以自己努力苦練

而來五來求此鏈玉大古在接不暇之勢金與
竹盦結交远在四年以前因京平市又有此鄭
鄭竹盦盂氏嘗有巫一望陵商鄭卒故余時
謂作結盂氏芳鄰为言渠之欣然自承之
午後携陽肆威热浪甚至午睡不能成眠
乃赴萃華理髮七時赴宝華樓燒鴨
小鴨一隻味香立口入夏後初嘗此味也八時
偕揆赴長安戲院観陝西易俗社劇余於

年来不涉足剧场今因久闻陕西易俗社王天民演柜中缘为婿手佳戏且以此社程不来平今晚又适逢（贴演）此戏甚以破例往观入场时探亲家已临尾声下为春秋配春秋笔一为正旦戏一为正生戏春秋笔京秦两班均未见有再下即万人瞩目哄动南北之柜中缘上场矣王天民扮许翠莲汤易佑扮其兄淘气王汤出场均博得采声雷动足徵此戏之

先声夺人王天民唱念俱确有独到之处扮像亦楚楚动人惜身体发胖方之京剧四大名旦之一之程砚秋在伯仲之间作工固然细腻入情而唱念尤婉转自然丝毫不觉费力因方言关系唱词念白虽不十分懂但仔细聆之亦能听到词句非如他处角所唱念令人一字不懂然比之即此一端已使外省人得到满意不负名下真个无虚矣此戏前年曾

同萧紫鹤兄及其友贾君详谈刘喜奎
贾君并不学其唱腔调，为余歌之，坂出戏
余维初次碰之，而即像与深卧大轴，为刘文中
之《箭头鸳鸯》，演刘金定招夫事，刘文中为
该社旦角，以起之秀貌颇娟秀，演马上女
英雄亦极合身分。该社旦角除王天民外
当首推此子矣。十时半散戏歸

七月五日 阴历五月廿七日 星期一

晴熱。接趙品澄函，對於轉煩王親三謀差事未能即時生效，及前次來函通融之廿元未經照寄，均表示不滿。聯篇累牘，牢騷滿紙。此君向來一心依賴，太不体諒人也。

七月六日 陰曆五月廿八日 星期二

晴熱。連日天氣亢燥，早晚室內均達華氏表八十餘度。晚間蚊蟲肆擾，雖不敢張灯火，暗中仍不時被咬。

七月七日 陰曆五月廿九日 星期三

晴 今日小暑 氣候仍熱 晚在院内小作書 覺清涼 室内則熱氣鬱蒸 不能耐 接尹嘉和惕安 仍欲謀事 午後由會計處借支三十元 派政務警察往城交鄭滙津 并寫短諭一紙

七月八日 陰曆六月朔日 星期四

晴 向熱 十時據聞昨夜蘆溝橋方面日軍

炮聲竟夜不絶　真象亦不明　午後二時接知承

宣門已閉　城内外交通斷絶　仍不得確實消

息　胡秘長今日未到府　余会同崔君傳政

務警長及保安隊班長當分別飭其嚴加防

範　尤对拘留時特别注意　以免羈押人犯聞

炮聲驚惶生事　并嘱日内禁止押犯接見　又

因二科王科長昨日赴保　由余建議嘱王会計員

將府中公款撥作準備金　但亦須妥為存放

以防不虞。至晡，闻承宣门已開放行人，余遂

黄郛府晤石經，請之函警之城門出行證

進城，行至承宣門瞻外，見行人車輛皆擁塞

門外橋南，城門仍閉。余遂向前至門前與

守兵交涉，出示門證，即允開門，將余車放入，而

城内人車亦如城外守候通行之狀。歸寓後，

見各報號外，始悉昨夜蘆溝橋宛平城外

中日兩軍已開火，一夜現仍在相持間，事態

乙演生為下緣昨夜日軍一中隊在盧溝橋外演習據日軍向我軍政當局聲稱正演習間忽聞槍聲當即收隊點驗缺少一兵認為放槍者已入城要求率隊入城搜查我方以時值深夜恐地方不安婉加拒絕不久彼方又電話聲稱如不允許彼即武力保衛前進云云同時日軍對宛平縣城已取包圍形勢嗣經我方再與日方商定雙方派員前往調查日方所派

北平副佐櫻井頤向我方面派出王冷齋林耕宇共五人晨四時到盧宛平縣並正交涉間忽聞東門外砲聲大作俄而西門外大砲機槍又起聞因日軍砲火已到我軍為正當防衛始加抵抗我軍傷亡頗眾共語晚七時又向砲聲不隆隆至八時後即止市中八時戒嚴禁蔡倩知云捉上門絕夜尚安靖

七月九日 陰歷六月初二日 星期五

陰 由晨小雨淅瀝不絕竟日未止聞內城外崇文宣武和中等門亦關閉不能出城与胡口住宅通電話詢之不能出城除早間略聞砲聲終日未再聞砲槍之聲午後五時據聞郊外至蘆溝橋截至今日正午止雙方確已停戰靜待協商謀求和平解決之途徑等語

七月十日 陰 陰歷六月初三日 星期六

晴 昨日整天小雨未稍停止今日放晴氣候

燕熱兩府與永定門派出兩通電話得悉永
定門已開半門照常通行余於九時出城
至城門時見內外兩層城門均半掩半開門
下堆集蔴袋多隻並不檢查行人城門洞
尚不擁擠到兩府胡同知長官已先到查道昨
日經過據報載盧溝橋日軍昨（九日午）午正在撤
回原防我軍已奉令回原建置制惟當地方
復員之際正值大雨淋漓彼此頗有小誤會

致傷殘排長一人此役宛平縣城內被砲火甚烈縣政府已為被砲擊毀燕郊八景之一之蘆溝橋亦被砲火損失甚鉅又因此次口頭商洽和平解決並無任何條件及文字規定之午後胡旨赴南苑軍部借來子彈數石粒以備縣府警備之用但縣府保安隊及警察人數既少尤無訓練遇有緩急殊不足恃而慮也即警察局今日招考警察

余赴路山校出题改试文理共两题以为详细书写個人的履歷以为试述警察的職責入場共廿二人有两人不能写字共改畢由胡路長评定试卷据名檢驗係格取定十錄名三四鐘宝内外均向抱一向永定门又复开上六时方進城至城内出示经過所发许证即开门放進七时到房今日为余四十六初度毫無举動友朋無知者僅

晚飯食茄子打滷麵而已年來蹭蹬異鄉不得意心灰意頹又加國事雖已在嚴重之際日內被人砲火逼在目下撫茲身世感慨殊多晚飯後天氣忽然轉涼颯風如秋白晝暑氣頗靖擬早入睡

七月十一日 陰歷六月初四日 星期日

晴八时半起天氣涼爽早點後又小睡一小时寫前昨兩日日記又与慧女宏兒寫家信一件

天風文[illegible]

告共五日薹清桥子件及北平情形。午饭后略休息，三时后出门进宣武门至西单游商欧义理发馆刮脸。四时后至拾饭寺李宅，在谈宅门前遇楚卿，正拟往新新看戏，强约余同往至新新戏院，看李万春演武松〻仅至共狮子楼一节，五时半即散戏，同楚卿至其宅坐谈，至七时半辞出，至寓。薹清桥子夜以来。今日初次进内城，见宣武门亦半闭半开，两

西单十字路堆集蔴袋如園形街东架棧
閣槍一座有数兵士把守并作描射状形势
甚觉紧張四望街頭便道上立聚闲人甚
多往来行人一如平日并不见少新新戲院继
演戲但上坐僅及半坐余七时半由李宅回
室外时城内外各商家已纷纷忙於上门收市
至宣武门瞻龙冷清门洞中只有警察二
人把守城门似即闭门状盖八时即戒严矣

天風[illegible]

援。今早晚各報所載，昨夜廊房至又開大戰。昨得悉日軍仍在新開來城外援兵，時局未可樂觀。宛平縣長王冷齋因事棘手，已入德國醫院眷病。北寧路經日未開車，平漢路亦不能通過。菱湖路在楚卿宅遇孫劍泉，據云聞謠傳中央軍已開到保定，長新店已被日軍佔領，但無佐證也。八時抵府，少頃胡同內已斷絕行人，沉寂異常。晚飯後天氣不甚熱，十一時洗澡足練習運身工課，十二时半登床，振鈴不絕。熟睡至二时为砲聲驚醒，下床飲白水一杯，吸香煙一支，尤聞遠處大砲與小砲相間放射聲，至三时後登床，遂又睡矣。

七月十三日　陰歷六月初五日　星期一

晴。八时許起，九时半出城。永定門內淺扇門均已全關，障碍物如沙袋亦移置門旁。至大紅門时見石橋邊南有軍兵士數十憩於樹林內

道旁樹枝亦有伐下放置路旁大紅門西旁
門並用土堆起半人高墻置机槍一架向北
而作備射狀有進犯府大門有兵士縱橫臥
滿二門台階上入內大室均知二十九軍部已撤是
炯亦旁晚派來一營步兵昨日曾至胡犯者
會同營長指揮士兵在大紅門迤北西紅門內
空地築起築防禦工事掘四十條戰壕一
道以防敵人竄進犯境胡不由旱路亦即未能

钧府以示作镇平代拟呈报省府及民政厅
电稿报告芦沟桥事件发生后县境为
屡有谴及日内设治情形暨派来营长王君
六保定人下午抵开工事并略息片时开十日及
十一日大公报揽谈报所载芦沟桥之役自经
双方交涉停战日方屡次失信开炮昨日交涉
竟无今日情形如何彼方倘再挑衅事态不
难扩大府进城先至前门外内长途电话

局拍發、今日函致保定府府電報七時將四家

城房先沐浴畫 今日初伏第下必浴畢晚飯

後由前時起戒嚴、接晚報載截至今日下午止

尚未至和平確訊、日軍仍不能開進塘防兵軍

三二

七月十三日 陰曆六月初八日 星期二

晴、九時一刻赴部、府至永定門、城門已全閉、略

候即開門、出城、行至沙子口地方、見有日軍唐

克車及載重汽車十餘輛，由東往西擬全部通過平苑大馬路而行，但已過大馬路之各種車輛，前后遂以發生障碍，不能暢行之勢，所以大路上停止唐克車載重汽車五六輛，隨后日本軍人，載重車上滿載軍用品，余之人力車即從停在大馬路之軍用車旁而過，日軍近年以來行動自由已屬司空見慣矣，然由東往西俟全部通過後，已無甚阻

天風[illegible]

有何军事動作、不料甫抵外府，不及十分、即
闻大红门有槍聲、随即闻机槍、彈聲甚急、
胡外長正在余室閒談，闻槍一響，即奔赴
外長室取戎刀馳出門、全府警衛紛紛
携槍帶彈準備應戰、府内所駐廿九年兵士、
暫頃穿裝出而奔赴大红门防綫，余与同
崔君避至室中，猜聞槍彈既飛，達十餘分
鐘止、余与崔君出而至院中、及外府外視察、

一周，见一兵士肃彩回府，盖此忠勇士兵
在大红门外数十步一高岗放哨，见有日方
载重军用汽车拟随普通汽车经通
过大红门，该哨兵令其停止，告以不能通过，不
料日兵开枪射击，由该弹由右腕穿过，伤
及右腕，我军见该兵受伤，遂即开枪还
击，日军车不支，意欲转回退却，故将一载重
车撞至路旁树上，前轮已毁，不能转动，车上

日兵僑士數人出車，並遂將放樹旁，共組列車

均已出去。大紅門一度互擊，情形也經此一

度激戰，全府人員咸有戒心，恐日軍再來。頃

後遂全体戒備，工役武裝。至午後一時，忽聞東韓

炮鉅聲轟自永定門一帶，但一響之後，遂即無

聲。旋據报告，永定門外北寧路鐵橋邊南

有日方子彈載重車一及鐵甲車一，被我城上

守兵一槍打著，兩車同時被

至三時以後者日

飛機連續著來、最後一機為四葉轟炸機、飛度亦最低、自十二時以大紅門與永定門交通斷絕、午後電話亦不通、至五時電線始修復、胡鄉長亦屬文人、未經戰陣、絕無策、余以書生尤屬生平所未經過之火線生活、但以國難至此、身為公務人員、臨此危地、只有淡然處之、頗能鎮靜無恐、永定門距鄉署至近、同事方君見余持筆習字、遂以扇面索書

余與塗鴉老兩回、胡部長以四同人無不以好
整以暇目之、惟至夕陽西下、各人咸不免以夜日
軍昔某夜攻為慮，然只出槍射擊者不足
懼，但以大砲進攻大紅門、部府首當其衝、余與
胡部長言似宜遷一安全地域，稍避正面砲火、
當經議定在部府以南一里半地找民房一
處，作為夜間暫憩之所、當時偕余同崔景南科
長王鈞（伯濤）升、黃肅一、戴錫璧、蔡略携簡單鋪蓋

津沽文獻叢書

及饮食之物，首先着维、胡、辛保安队八九（武修）
名，武装作为出府处，晴玉前占到该家民房，
会齐，所借民之房，仍鞋行李全之座，院内五
间，余等共住之间，院门外四面完全为高粱
地，只此一家，孤悬旷野之洼荒，门前一小道，
不通牲畜，无向村，余等在屋内一大坑上坐，
心而胆，不能成寐，至夜一时，只闻炮声隆隆，
加以机枪甚密，余等全以为日军果然来攻

七月十四日　阴历六月初七日　日記三

大红门同人出发而整衣胡口出院特饬保安
队戒备，以大红门不守，惟者南区千章宪章、
枪炮声续大作，分即停息，旋者因将府来路
務聲，报告是守兵见有由东窜出便衣队模
样者，遂开炮射击，彼方未還枪，即停止。后
此报告慢聪放心，同人略读少久，东方既明，胡口
东保安队先回将府，余与崔君又略睡至府
六返府，知永定门已开放行人，早餐后胡口

及同人皆入睡，余猶不能成睡，但身上甚疲
憊，當將此事料理完畢，至午後一時仍乘派
政務警隨進城，至經請此處領取行證之便，令
其隨余進城，沿途所見大紅門外被樹撞毀
之載重汽車兩輛，裝軍用電線電桿紛倚道
旁，有市區南郊警察一人看守，至永定門外
見昨日被炸之子彈車兩輛，只有車殼，并有
便衣日人四名，手持白旗，用藤筐收燼餘之

物至永定門，略候，遂入城，抵府，鄰友咸來慰問，并勸阻暫緩出城，余因遂入浴休息。晚至西院居停主人室內談，至九時回，作運身工課，即睡。

七月十五日　陰歷六月初八日　星期四

陰晴不定。八時起，竹盦即來慰問，談片時去。早點後，身体困憊萬分，後又入睡，直至十二時始醒。午飯後仍疲甚，再睡，至四時起，終日昏迷

不醒似前日一日夜惊恐幸勿不能恢复之
时勉出玉楼乡宅一谈玉以时蹀与慧女士写家信一件
七月十六日 阴历六月初九日 星期五
早晴午后阴二时忽大雨倾盆经半小时以
上始止与紫鹤写信倘执告平郎近状及
前函所通融之二百元请其速汇五时送邮
为发航空快又发昨日与慧女所写家信
晚凉爽豪弟竟夜安谧无声

天風

七月十七日　陰曆六月初十日　星期六

早晴　九时後陰　八时餘起　涼爽甚　本擬
赴私府　但因陰雲卷布　恐再降雨　仍在
雨下等候　城内尤多不便　遂中止出城　十时
与劉子明宅打電話　知子明在津未歸　与
宋旭初　劉子明各寫一函　催詢鎮內事　自
上月二十三日与子明電話接洽後　將及廿餘日
仍無消息　甚懸系也　前擬劉君談須

候張某与某司糾葛解決以便可將王集
鎮索回再交余如今日之函余請予以主持
有云如張君仍未解決請提前交接鎮之
等語不知能作到否午後假眠息未能成
寐五時出門赴觀音寺華華理髮
歸途購燒羊肉一角晚飯即食芝麻
醬烙餅佐以燒羊肉味甚美晚涼爽室
內與華氏表只七十三度

七月十八日 陰歷六月十一日 星期四

晴 八時始起 午飯後略息 未能成寐 四時沐浴 五時赴西單商場一游 購中國料紙煙碟一個 價一角 至李楚卿宅 已六時 閱本日大公報及世界晚報 均載宋委員長在津與日駐屯司令香月會晤 和平空氣似仍濃厚 大公報短評 晤宋大局在三五日內亦可見分曉 據今日平方面報 日軍在平西有擄掠婦女及逼

某村村長崇大批青年婦女清息閨閨殊堪堪人

髮指，此果若是，種種動野蠻行為，殊非廿世

紀文明國軍人所應有，況兩國尚未正式開戰，

中國亦非戰敗國家，縱此獸行，當為世界所

切齒。晚在楚卿宅用飯，飯後八時半出寓

武門，歸寓時尚未閉城門，直至日晚向戒嚴時

間已延至十一時矣。晚閱孫社言女集技者

十時半習運身之課，十二時寢。

七月十九日　陰曆六月十二日　星期一

陰終日雲時雨但至夕返晴余起早是日九時出永定門至城門時正值開放行人由城外進城者除菜飯瓜果販外鄉間婦女逃難入城絡繹不絕後進城者全數放入余車始得出城至錢橋以南仍見有青年婦女携帶輕便行囊絡繹北不絕至海會寺以南路旁大樹多被我軍砍伐橫臥道旁蓋既可作妨

碍物用之，可除去射擊遮蔽目標也。大紅門下已增加沙土口袋，門之西东海子墙下，我士兵正赶築工事。七點，知府與胡知县、崔景菊聯袂三人来，经过旅團，王部周營長談：頃據知告，蘆溝橋一帶日軍有撤繼之撤退模樣，惟埋地雷之經起去，其語又經察者之知記載，日來宋之在津進行和平似有進步，宋今日并有来平消息，胡知長

自上星期時局緊張以來者已八日之久未曾進
城經余[redacted]力勸遂於午後進城沐浴
余整日料理公事未時稍休五時派警護送
進城 其時胡公書亦返府也 晚飯後接李宅電
話慧卿約余明日進城至吳宅一談 今日到
府後接閱慧女十二日所發一函 晚室八十度

晨間大雨陣雨八時止

七月二十日 陰曆六月十三日 星期二

晴陰 西風 九時經出永定門在門臉稍候雨

後道路泥濘，並於積泥中復向城內到部府後

知胡部長亦於今早返府，氣候向熱，汗出不

已。披閱公文，至午後方府來後稍息，甫將公事

甚畢，正欲假寐略息，只聞砲聲隆隆又起，

但聞聲甚遠，似在蘆溝橋方面，闔府人

心不免又現緊張，由兩點三刻至三時半相

繼止。余出至部府大門以外察看，仍有行人

車輛往來，料知敵絕進城，遂即派警一

人護送回寓，玉永宮門外門臉見車輛以人
聚集甚多，為奉城內正南放由城內向城外之
車八輩達廿餘分鐘始畢，然後才放進城北之
車爭先進城時正午後，天氣又熱，到寓後
已汗流浹背矣，遂入浴，玉[illegible]時許炮聲又起
達一時之久，玉于前時姑息[illegible]李宮電話，今晚
不亡[illegible]城[illegible]葬館，晚張宮女居停樓共四五來
談。今日報登載昨日蔣委員長在廬山

该谈话会宣布我国外交立场全文数百言严肃中寓悲壮气慨最后说对华事表明最低限度四点即(一)任何解决不得侵害中国主权与领土之完整(二)冀察行政组织不容任何不合法之改变(三)中央政府所派地方官吏如冀察政务委员会委员长宋哲元等不能任人要求撤换(四)第二十九军现在所驻地区不能受任何约束并加以结论曰政府对于芦沟

橋事件已確定始終一貫的方針和立場且必以全力固守這個立場我們希望和平而不求苟安準備應戰而決不求戰我們知道全國應戰以後之局勢就只有犧牲到底無絲毫僥倖求免之理如果戰端一開地無分南北年無分老幼無論何人皆有守土抗戰之責任皆應抱定犧牲一切之決心云云

七月二十一日 陰歷六月十四日 星期三

晴悶熱八時起正準備出城因身體少疲倦
而止早點後又小睡十時許有日本飛機多架
飛度甚低盤旋於本市空中機聲震動
甚烈擾亂此云昔行一機機身側斜以陸拔
技机若(開)追逐此狀少頃向西飛去寫家信
一件并附夜帶平衣服壹箱雜志圖章
念珠一清單又附致柏甫函一紙囑其調查
興隆洋行置貨汽車傍午飯後又因囑慕

慕侯午一访宋鹤荪探询镇门事另写
两纸指示措词之语●写毕晚卧不复成
寐四时沐浴后西服六时赴舍饭寺遇达知梅
邹乃慈家传至李宅楚卿托为其银号框
屠先生薛铝福加拒缴兵事至李宅晚
饭时其时天气郁闷蒸热汗出不已坐谈至
九时归与游归至宣武门城门已闭守警告
以须绕前门出城未得已遂告车夫顺宣武

门城墙根即顺城街往东走行至和平门见城

门已在掩闭暂即闸出有过门即闸闭矣

时已九时一刻也较之德至前门西者路一半

晚室内闷热在院中乘凉至一时始入室睡

为入伏四第一日之炎热天气也

七月二十六 阴 六月廿五（十五） 星期四

早阴 午时转晴 午后即热闷不能出气

静生抄房

不停挥扇汗出如浆 早点后加以头疼苦热

遂電話紹存請病假，一面派半右翁(午前十時)大七以及
觀察數日一紛擾，大公報載宋委員長為求
和平起見，昨日午前派石友三所部保安隊
程希賢旅暨宛平接防區，令第三十八師
原駐防之團兵撤退，時由冀東與日軍所組之
保安團撤換部隊，以待和平解決也。
我方既嚴紹撤迅，不知日軍尚無誠意，但是
如何解決，又載廿日下午宛平被日軍炮轟擊

甚慘烈。宛平城內共落炮彈數百發，死傷亦
軍民甚眾。且纏與日軍交涉，已約定退兵
卻，以又行炮擊，擾亂日軍之後，掩護日軍退
防。午後酷熱尤甚，靜坐汗出不已，全身無一
刻無汗，雖沐浴後仍如常，晚飯後仍不見涼
爽。入夜蚊子活動比尋常更甚，院中因蚊擾
亦不能久坐，至十二時後始漸爽，二時始睡。
據地方一帶擾云，租業兩方當未知主某事

報載黃溥泉君
已接天津特政府
縣警察局警官之
職寫一賀函并介紹
王賢恍謀得位置

續王集鎮寄來由舍妹安向題不過歷
早不知節堂再向津市還務於黃百宗宅
已在英租界租房頗費躊躇也
七月廿三日 陰曆六月十六日 星期五
晴 由昨夜酷熱今早六時忽來涼風一陣
吹上黑雲一片 欲雨而被風吹散 搖晨睡
正酣之際得此涼風清爽異常但頃刻風
止至午後依然炎熱難耐 早點後仍疲倦不

支道電話至外府續病一日由十時小睡至午

正醒起兩時半午飯但因正在同熱僅飯半碗不

午後靜臥至三時後沐浴終日一事不能安睡

靜坐汗出如濡昨今兩日華氏表室內

均在八十六度以上識入夏來首次酷暑天氣

也至上時忽又涼風急來氣候為之一變較

能舒氣但一晚又熱幸晨晚多把清息

臺灣植自我三十七師撤退改由一百三十二

師趙登禹部填防，以日軍亦撤退至盧台。華北大局似漸和緩。兩日來陰雨，日方飛機不時飛來偵察，外邊未聞砲聲。但城中日寇機絡繹，從此漸入外交常軌。此為盛暑，酷熱中暑堪稍愈。已至十二時回寓時作罷，身工課即睡。夜二時為蚊子擾，氣所擾醒，起床入廁時三時，復睡，已覺稍涼爽矣。

七月廿四日 陰曆六月十七日 星期六

晴，由晨至晚，终日酷热，汗出如沈，赤背静坐，仍挥汗不已。两餐仅备简单稀饭，仍不能多食。燠热入夜仍不稍退，室内蒸热如笼，不能睡，夜中为汗浸起坐数次。由廿一日晚至今日已四日夜，酷热如一，近来稍觉发端之人难耐。时局沉闷，日军不但未如约退让，而大军仍源源增援，由山海关至丰台车兵络绎，两日来国内空气突现硬化，前途危机甚多，殊少乐观。

七月廿五日　陰曆六月十八日　星期日

晴　依然炎熱　早点後　於九時偕玉与馬市華北理髪跋髪室　并購青醬肉及煙　即歸　午飯食稀飯饅头鹹菜　飯後靜臥　大汗不已　晚購大公報　見津市會考榜　宏兒名落孫山　此雖意料內之事　但仍不免抑鬱難舒　比久之　整日未出門　頭昏氣結　又加宏兒今年初中會考試繼及格　肝鬱氣悶　於五時後破格一往中央公園

小極難遣胸中鬱氣不意玉之園多變
數步夕陽未下地上熱氣上蒸殊少清涼之氣
旋玉園後人少之地覓一茶坐品茗汗仍不止玉七
時食炒麪一盤素餃一口後三刻歸入晚仍不
能成寢為汗浸起坐數次至三時以後入睡

七月廿六日　陰曆六月十九日　星期一

晴七時三刻起氣候雖仍炎熱但蒸悶之氣
稍減九時出永定門之城皆半掩沙袋已全撤出

城，但見沿汽車路至西苑進城之兵車、人力車絡繹不絕。由廿一日（星期三）至今已四日未出城，到縣府与胡縣長略談近日經過。據聞自廿一日起中日雙方約定將蘆溝橋兩軍相持之軍隊各退出鐵道外（約三四百米），縣城極平靜。縣政府內公事亦無多，人心鎮靜，已漸恢復常態。胡縣与崔景南兄星期六皆進城休息。惟近一二日來大局頗覺沉悶，日軍不時增援，迎

難樂觀正談話間国造接青雲店采育鎮警
察所長來電話報告有日軍南到数百名佔
據民房勢將圖縣紮駐又據報郎坊已由早
開火戰至劇烈青雲店采育均為縣境地鄰
通縣日軍似有節節進擾北平近郊及包圍
南苑形勢至郎坊開戰據今日報載昨有大批日
軍兵車由津開到欲下車駐該處我廿九軍
三十八師一部僅勸止不聽正在相持中云云今日

三接鶴亭在壽中每日来到紐府今日甫来思
苏苏賢弟張清泉源源而来惟有鎮静處之（照常）耳
理文件（中午）接收文稿數件批閱則文數件午後
并偕政瑩婧西依七枝（的一元錢）請府内用人并
分犒政揚瑩蔡二枝偕董霧二枝出五时收叢
劉君藹余早蕣即偕（派）政瑩一名護送進城
時至斜陽猶烈熱氣正盛擁窩少頃即由西
草亭来電話囑其定晋季速回今时半

津僑文[illegible]

余甫用畢晚餐忽聞近處槍聲大起繼之机
關槍大砲斷續時聞似在東便門廣安門之
間主即宣布戒嚴內外城門皆閉至七時許略止
旋聞街上行人云兹生事變似在廣安門内土
地廟一帶均槍炮甚近幸入夜後未再發生乃
城外不再聞槍炮聲似已告一結束當六七時槍
砲聲大起時忽來一陣大風氣候陡變至九時
並略降小雨幾點風勢仍未止至十時始息迄

日晝夜酷暑蒸熱室內華氏表均在九十度左右令人幾不能喘氣尤苦者入夜熱氣并不稍減室內蒸騰似籠蚊子乘熱肆威不能安然入睡今晚槍砲之聲起自三二里內雖然鎮靜以待天數究屬禍在眉睫不無惴惴天公作美居然涼風大起暑氣頓銷乃以酣然暢睡一宵迨至醒足之後竟亦不覺頭重蓋以終夜佳眠不啻一覺醒來所未嘗有者也

七月廿七 陰歷六月廿日 星期二

晴昨夜酣眠至今早八時始醒起詢昨晚之
事有日軍數十人乘城門開放竄進廣安門守
城者即閉門未進城者勢仍欲進遂被迫開火
將已進城者經我軍擊斃於廣安門內王子
墳一帶該處距土地廟不甚遠土地廟距寓
所僅二里許故槍炮之聲如在目前也今早
內外城門皆關閉余不得赴辦公所接信誠區

號通知蕭寶鶴滙來百元，今早九時楊維廊坊頭彙款廿五元，接宏兒來信，知慧女已被名提入看護訓練班，此女個性堅強，留心國事，此舉係作為國効力，稍盡國民天職，余亦不加干涉，惟慧女多病，病身已四五年不能上學，亦多年不出院門，恐其不能受此辛苦勞碌，除此一[illegible]端，余不能寐，午後二時醒起，聞遠處隱隱炮聲不絕，至五時後始食，沐浴後默念觀音菩

薩五百聲晚飯後士居偕張弢之來談并送來

其先德張文厚公文集六冊公諱亨嘉號燮

鈞翰林歷任湖南洪江等道光緒末充部

侍郎余於十八九歲即聞其名至十二時又聞近

處機關槍聲數起警夜炮聲未斷至三

時後始入睡

七月二十六日 陰曆六月二十一日 星期三

晴陰不定早并小雨數點由日晨炮聲不斷日甯仍

正式開戰

日兵圍北平全城作環攻準備內外城由昨
日起完全關閉八時始實行據外宋哲元
昨發通電歷敘近數日日軍在各處炮轟
機炸情形並表示抵抗雖命中央云云援收
並暗示日方近日似有威脅宋氏簽訂城下
盟之意但究不知要求何種條件昨十時又
據各報刊發號外會載我軍已將豐台蘆溝
橋廊坊於今早奪回北平四郊已殺大批日軍

兩軍已正式開戰

敵已向天津收退，我軍在奮勇追擊中。自十一
時至三時已不聞炮聲，繼而有數聲日聞聲已
較遠矣。四時後炮聲又起，而無聲震屋窗甚
響。且有日軍數架飛翔平市上空，炮聲機聲
相混，振耳欲聾。飛机并分散天津廊坊號外
不外
外卜
宣传日軍勝利謠言。六時飛机雖無，而炮聲
仍烈。聞街上人談，有可消息，北援云日軍一團進
攻南苑，廿九軍之部該軍全數退出南苑，均避

匯民房比日軍佔領南苑兵營后我軍遂出
將南苑包圍日軍無一得逃此據云日軍團長
一名知全軍中計蹈入絕境遂自殺果如所言
亦属快事自從午前本市商民得到我軍勝
利消息人心歡舞喜形於色而各報刊發號
外報紛紛沿街叫賣人民爭先購閱而人人心奮
興同仇敵愾日暮六時叫大興縣府電話據云
已壞未得通話據平報號外載大紅門似有

已失又行克復但語焉不詳不知胡帥長沼一處府內人聽令兩日作如何安全打算殊切懸系七時半晚飯砲聲隆隆震動屋瓦至九時略停十時砲聲又起且極速密至夜十二時以後始停一時許忽有警察叫門挨户告以預防敵人毒氣簡法其法用將大蒜搗碎合以黄土老醋成泥置口鼻間旅舍住户均起紛紛購醋買蒜尋覓黄土余亦出購加多物章封以醬肉聲已起

天風文齋苗氏監製

各物須刻亦備，飽以擣蒜製泥，吃訖一陣，但亦未聞，自十二時砲聲停息後，迄未續聞，余至四時以始登床入睡。

七月二十九日 陰歷六月廿二日 星期四

晴。昨夜整宵未敢睡眠，於今晨四時始入睡，一覺醒來已午前十時矣，甫醒，與崇實把晨閱西報，始悉大局已於今晨一時急轉驟變。蓋昨日夜廿九軍與日軍接觸，多綫均敗

犧牲損失均甚鉅南苑軍部戰事尤極激
烈被飛機轟炸亡最烈者由固安開來之一
三十二師趙登禹部全部傷亡甚大趙師長及
二十九軍副軍長佟麟閣行蹤不明宋哲元
赴保委張自忠代冀察政委會委員長兼
北平市長秦德純隨赴保平綏路局長張維
藩暨察局陳繼淹均避時局至此不禁悲憤
莫名午接楚卿電話函詢余何日進城并詢

胡以皮部長消息，據云曾電向其宅亦未接消息

也。報載昨日大紅門一帶戰事甚烈，汪又恐趁

南苑。張堪憂慮，當即叫大興縣電話，接電

話局回答，該處電話叫不來，想叫縣府并接電

話之人亦無之。余雖自章由廿八日進城，總日即

不得再往，幸免此難，但一旦及胡以及同人無電

若狀。午飯睡至四時半始起，據云由早至此時

極安靜，亦無炮戰聲，且無飛機，五時又叫縣府

電話仍無人接，電胡宅亦未接通，至葉市口大
街巡遊，見多商開門，北城口半掩，未開門者甚多，如
要婦女乘車逃難者亦不少，（宣武門已開半）寓見晚報，歸知
張自忠已於今日下午二時分別就任政委長、綏
靖主任、北平市長各新職，平綏路局、警察局
已分別由潘毓桂、張允榮接任，對大局重要政問
續少登載，似時局仍甚混，向也亦時有近處，又
聞南城外砲聲，由細而巨，由遠而近，最密時如

機關槍至九時始止似是會戰未經根本解決以為
奉軍逼近彰儀永定兩門之間倘再發生戰事
甚以砲火助威晚息想到擬明日遷往西城捨飯
寺李楚卿宅暫住雖不算完全安全地域但似
可離開外城稍遠砲聲不時震動屋瓦皆搖也
議定看明日情形如何昨日與金□與君見寫信各一紙
因無電話郵寄未能出入夜天氣涼爽間有
小雨一夜甚靜無聲睡甚酣

七月三十日 陰歷六月廿四日 星期五

晴。晨起閱報，殊無重要消息。十时许西北方炮聲又起，并雜以機關槍聲，甚清晰。至午刻始止。略整理应用衣物，擬遷往西城李宅。余於十六时先往查看情形，甫出胡同，遇孫府同人賈桐高，渠正來相訪，當約共至寓。據桐高云：渠昨日下午出永定门，行至觀音堂，即被日兵哨兵截回，见該處大道旁死屍甚多，系我兵民。途遇孫府警士口役，據云胡孫長以避在民房内，外府來被日軍佔踞，但亦無我方人役看守。勸離，不必苦往。遂回城，今日城外能否通行，尚不得知也。語余日來甚以不得胡之及同人安全消息為慮。探桐高云：昨日與胡宅通電話，探詢已得消息，在大紅門民家，甚安云云。余亦此稍感放心，蓋恐彼等逕入南苑軍部也。桐高辭去後余略用飯，即赴李楚卿宅。玉如即同楚卿言，已得胡之消息，昨日已安然進城矣。余因信即赴樓的樓胡寓，玉如與胡之晤見。惟

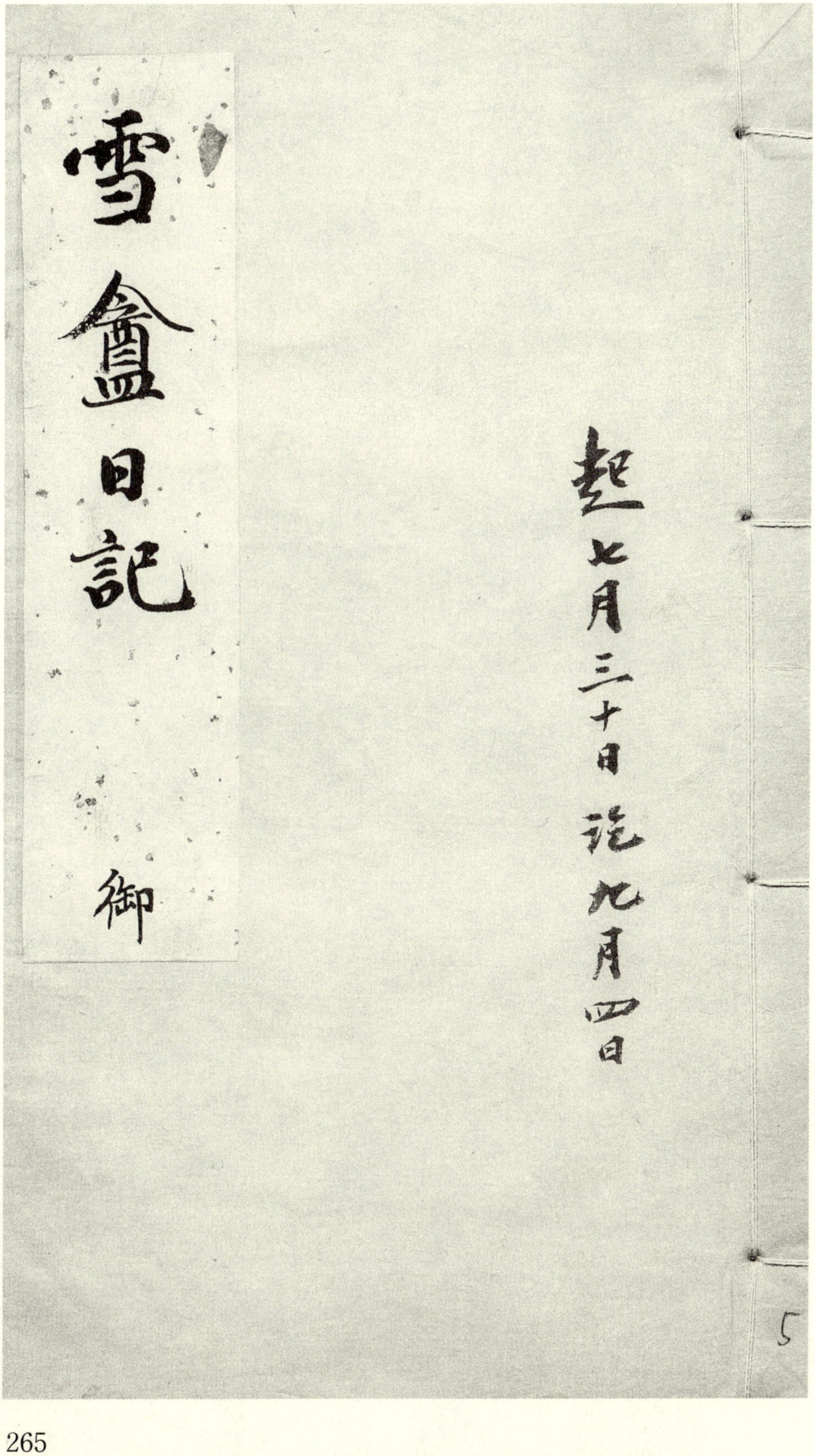
5

起七月三十日訖九月四日

雪盦日記

御

接七月三十日

景南、劉敏齋、童桐齋、范仁甫及縣紳白煥章均在座，彼此慰勞之意，談笑之下，欣悉縣府同人自胡縣長以下均平安，縣府所在之大紅門村，園舍廨民房均未被炸，人民亦少死傷，惟守大紅門之三十七師所部王營長腿上略受砲炸輕傷，已進城入院矣，彼此稱慶，欣慰莫名。地方紳士白煥章、童桐齋等現在座，晤商籌設救濟會事，并擬在城內擇一相當地點，作為縣府臨時辦公之處。余主張現在北平設局混

天鳳[illegible]

池署叫須加調查、稍俟明朗、再設法要求時維
組設□對外以無表示為宜、四時賓客均先後辭出、
余仍返捨飯寺李宅、即告楚卿晤胡經過、見世界
日報及晚報均載、天津戰事仍極激烈、南開大學校
被日軍轟炸、並縱火焚燒秀山堂、思源堂、圖書館及教
授住宅、並波及附近民房、火勢日夜未熄、余津寓距
南中甚近咫尺、聞訊憂心如焚、與津通電話亦不通、
消息無從探詢、晚宿於楚卿宅、每一思及津寓、繞

宝镕、锽、甦宣为予言，此晚姑拟一电稿，致兴隆洋

行柏甫、妹玉询问，不知能发否。昨廿八日写一纸，廿九日又写一纸，与宏觉

所写一信，拟今日五时付邮寄交，不知几日能达到

也。三时大睡时，小雨淋淋，淅沥声益难成寐。

七月廿日 阴 历六月廿四日 星期六

阴。由今晨三时起小雨，至今早十时仍未止。于十时後

醒，後即起阅《世界日报》，时局仍无明朗表示。报载宋哲

元致张自忠一电，畧谓兄今早三时则保为贯彻和平之

冒雨由李宝直遞寓中鄙函者，昨晚所拟致沪电稿，去电局云有线电报已数日不通，无线电或者西电可达

張已令飭北上中央各部一律在到達地點一律停止待命
第二步再設法令其調回並即轉達日方勿對各該部
有軍事行動云云據余觀察此電似由某方偽造
宋既不應如此說法且亦無權令飭中央軍停止前
進以令飭兩字觀之此電尤為庸人所造耳又載天
津戰至昨晨漸趨停頓津市今晨（卅一日）一時大雨三十
晚燃燒各處因此已漸熄滅南開大中學昨日仍在燃燒
中如果該校中學部亦在炸燒津府文廟危險

七七之心情 一三二师之长赵登禹阵亡之证实忠
骸已移停记泉寺佟麟阁副军长捐躯亦属实忠
骸已焚以运回私处忠烈永垂青史中华民族英族尚之
无身愧哉平郊伤亡将士至此仍少安善收葬
尤使呻吟委之荒青草碧血毋向国人由愧对为国牺牲之
忠魂矣天闻北平难民成群结队流离郊街市
闻阖之伤心惨目不忍卒读攫晚报载天津
今晨四时半左右日军向中国阵地攻击至六时左右

砲聲不絕震動全市又載日軍已抵長辛店良鄉以北不見華軍踪影無語但以上消息均為天津同盟社所發電訊確否待証北平城內今日由晨至晚十時極安靜並無槍砲聲終日小雨接續未斷路上行人稀少各商號依然半掩市門景像倍覺悽涼午前返寓後竟日未出門晚於天氣陰霾細雨淒涼如秋中提早就寢

八月一日　陰曆六月廿五日　星期日

晴。九时起。報載时局仍極沉悶，平津方亦無確實消息。时〻以家中安全為慮。午後赴胡外長宅，未遇，與其夫人稍談。赴郭仲宗宅，渠正同友作竹戰，如此时局尚能安閒若此，真不可及也。不欲擾其清興，稍坐即出。赴迺布胡同王視王宅，據談此次廿九軍失敗，完全誤於宋哲元氏和戰不定，蓋當蘆溝橋事發初起也，宋氏滯留原籍，比較津似為

天風[illegible]

主和派包圍，尤受親日派曹某、張某勸阻用兵。比及返平，宋仍主和，但其部下秦、馮不從，并表示如主張和，不与聞，并聞秦、馮治安主電中央聲明不參加和議。及戰乃猝發，全軍無正式負責指揮之人，步驟紛不一，致及廿八日決定退保定，以未下令南苑駐軍使退，前方將士既未奉到上峯退軍命令，故仍死守，致遭全軍覆沒之慘。云云。哀哉。又言此

次投降之某部長濮受日方鉅款并以日婦
一人、且係以婦、并為貴族婦女、果如所言、亦屬
美人計投套耳。七時由說三宅返、途經霞飛路
無線電台、將前晚所擬致津探詢家眷安
否電稿拍發、聞該電台云、來交發電積壓
盈尺、挨號拍發、頗需時日、發津華通電二三
日方不准發出、以後加急電亦須經日始可發出
遂撥急電發出、每字加倍電費計一角四分、自

译出每字七分、代译电文如下、急天津0485（天津兴隆洋行挂号）袁
出每字八分、
柏甫、南甫寓安否？速电平行接洽。计十七字，
共合电费二元三角八分、时为下午七点正也、发
电后回执后、赴兴隆平行、晤吕君、告其发
津电并托如接复电、请以电话通知、精读
即殊、但如知其电何日能达、又函何日始能接
复电也、然电费分惟有默祷定春均能悉
耳、午前与紫鹤写信一封，报告本部战况经

過及津戰不得確息并請將滙款方之法函於

下午七時半發出矣

八月二日（三伏） 陰曆六月廿六日 星期一

陰晴不定 悶熱 午前又與慕韓寫信兩件

一寄西頭老宅 一寄英中街花旗銀行 午

飯後沐浴一次 浴畢汗出不已 五時赴觀

音寺華萃理髮 六時半歸 崔景南來

訪 談許久 據云永定門外擁擠難民甚多

天風[illegible]

城門不敢開，恐有便衣隊混雜民中進城也。各慈善機關紛紛出城施救護工作，難民中婦女老弱均被收容城內，如收容所亦均患人滿。報載天津市長張以由（自）邊潔卿字靖（張自忠電令）電令代理之說，另組天津市治安維持會，亦將組織成立，高凌霨氏任委員長，兩日中即可成立。津特一區昨晨仍有戰爭，飛機亦出動，大經路一帶因餘燼復燃，烟雲瀰漫，午後稍息。晚據載北寧路今晨派運料車開往廊坊修理路軌電線，平津交通三二下午通車。又據津難民達三四十萬人，當局及地方正積極籌組大規模收容所，以資救濟。今日午後四時經由南方天空飛來飛機枝架，散布國民晚報。該報稱在天津日界宮島街平安院中發行（報社出版之）下三張，另檢仍一張，約八月一日第五號。據蓋為日方機關據，報出版無比擬。該據載，數日來日軍清掃工作天津中國地界之華軍潰滅四散只餘少數便衣隊一股潛入平安一日下午至湯橋附近中國菜市場已開市至易恢復平常狀態云云又載中央軍北上日機將保定車站炸燬因站上停有鉄裝運車十列滿載華兵無語易同支談者由飛機散下天津庫損因未檢以不知所載物語頗向熱揮汗至十二時後始漸涼爽夜三時又需裌被矣

八月三日　陰歷六月廿七日　星期二

陰。九时半起，早點後於十一时偕同赴樓[illegible]樓胡宅，崔景南、王伯濤〻已先到坐談，忽大雨，一刻許即止。胡〻對籌設臨时办〻交事，尚無進行，縣府亦無人爲維持，永定門外至南苑間維不行人，但城門開閉無常，南苑方面仍有少被日軍，雖去無騷擾（情形），但不免（時有）需索錢物或令召女人等事。余在胡宅晚談，一时半始出返寓。閱午報，时局仍甚混，向亦無新消息，總之無

飛機尚未投報載津市四郊臨已平靜河北

一帶居民懸白旗共九軍一部自天津向西方撤退

津治安会昨晨開会決議(一)向銀行借款救濟難

民(二)接洽恢復交通(三)以劉玉書張志澂孫潤宇

沈迨午分任警察財政總務社会四局長北平

方面四郊難民昨晨經慈善團体由廣安

門進城之通知難民等婦孺百人由左安門亦進二

百餘人總計約達三千人均分別安置各收容所

内中以婦孺居多。救急外籍慈善家出理掩埋
屍体，救護受傷無民工作，均極堅強，出善堪
慶幸之消息，亦人類同情之功德也。又據報載稱
復擊由徐州西竄，已与劉峙、胡宗南等部會合
協議，林氏去任，膠濟線并青島防備。又另訊青
島市民疏遷去北已二万人，尚有大批麕集車站北
擾。以上消息，山東軍事行將吃緊矣。天夕收拾舊
存出件，查籍未出門。晚天陰甚沉，氣候已涼矣。十一時

終寢思念家鄉兵灾不知如何消息晝夜個人前途成業毫無光明途徑百感交集憂心如焚寢饋難安均廢

八月四日　陰歷六月廿八日　星期三

陰晴不定同熱華氏表室內溫在八十三四度早起後即覺精神不振心內憋抑由昨日起想念津寓心情时加緊張致今日心灰意懶痛苦難名早飯後仍昏睡兩小时至午後二时勉強進

午饭二时又睡，四时醒后精神更觉萎顿，且略头眩，似昨夜略受寒，今午又受暑之原。拟赴西单舍饭寺李梦卿宅，因精神不佳作辍。至晚购西瓜一枚，食四分之一，盖未尝此味已一星期矣。五时许忽来黑云一块，暴雨一阵，即止，气候仍不见凉爽。今日报上对于时局仍少新闻，于津门消息尤缺隻字登载，殊向隅也。惟载日大使川越已由津飞大连，即转轮入京。又据东京三日同盟

社電近衛在衆院答辯謂對華北不變不擴大方針依然不變云云

八月五日 陰曆六月廿九日 星期四

陰。由晨大雨至十時許始漸止，午前氣候甚涼。九時許早點後睡臥，默誦阿彌陀經、大悲呪數編，并默念佛號及觀世音菩薩號各三百聲，以為祈禱天津宅眷平安。二日與慕陳柏甫兩婿各寫信一件，詢問津寓情形，惟由郵局不

缺页，责即匠坂送来付邮阅。今日早报知北宁

路即为直军截，又加写一纸，盖由一日下午七时发

急电，以至今五日之久尚未得复。日来废寝忘餐，

日夜悬念。中午饭后小睡，不敢出门，步行至壹智

桥邮局发一函，及今日晤写孩、慕柏两姪家信，援

邮局云普通信件仍无把握，快信较为早递，遂

拆快信发出。归途过张长文，厚之荣哀录一册，刻

正续共四册，送张江文集七阅。晚报知平津车

天風文□齋□氏□製

已於今早九時由平開往天津客車一列，此為廊
坊戰事發生後第一次開行之客車，搭載旅客
備極擁擠，計頭等二輛、二等一輛，均為外籍人士佔
滿；三等六輛，亦均為中國人擠無隙地。由七時即有
到站購票者，此列車準於九時在大雨滂沱下
開出東站。此後是否按日開車，須視今日之車成
績如何而定。晚飯後卓月波來談一時許辭去。
由十時半又大雨，十二時就寢時尚未止也。

八月六日 陰歷七月初一日 星期五

陰 終日降雨 旋降旋止 午前作淨課一堂 午飯後張居信來談 報載平津每日對開客車一次 平津交通頗似稍疏通 連日陰雨不已下 出門又加津房言往也全無全人向損施絕 晚九時又大雨一陣 街市以人絕跡 聲息皆寂靜淒涼 景狀十一時就寢

八月七日 陰歷七月初二日 星期六

陰上午小雨旋降旋止午後雨止雨仍未放晴午
时作净課下午又与慧女宏兒寫家信一件
寄玉南開處所備之一日兩發急電一件寄玉
興隆街交怡甫吾又發快信一件寄玉西頭老
宅以上所發出電已經多日何以至今未接復信
故使吾近數日來在平懸系萬分廢寢忘餐
兒信以無論如何立刻來一回信或拍一電以慰
懸念等語此信於下午五時送交達智樓郵

津沽文獻叢

局勢平快，倍甚出。天夕至李楚卿宅，胡以皮
鞭長已先至。談至晚十時，因天已較晚，李胡堅
留，遂未歸。擾晚飯。現載平津仍每日對開完車
一列，乘客仍甚擁擠，至公所已不能售票。由津
開平之車，須下午五句鐘到，在永定門站須受
嚴密檢查，又載平站上只有守候之搜索
旅客，在津下車以後無相當證明不易入租界
者。據余適口加的津方消息，僅急武裝警往

天風大廈[illegible]箋

原拟回津一行，惟因至津站上旅客受此麻烦，诸多不便，惟有缓行。在李宅与楚卿以谈谈至夜三时许就寝，时又闻窗外小雨淅沥矣。

八月八日　阴　历七月初三日　星期日

阴（立秋节）。八时半醒，小雨如毛，略阅报纸。九时由李宅返寓，时以后仍未起，上报载今日午前十一时有日军由朝阳、永定、广安各门分队进城，在东长安街集合，由队长训话后分驻天坛、铁狮子胡同及旗

壇寺稍作休息即將離平警察局壞已通飭各
區長挨戶告居民勿驚〻〻頃聞由廣安門入城部隊
經騾馬市往東再沿途張貼知照布告勿須驚
慌並責商店營業決與北平政府妥協後第一
次開進日方軍隊之平津交通仍每日上午九時各
開一次客車擁擠異常天津仍無消息直憂悶
能絕早晚兩餐均不能下咽無論如何開導依〻
然坐臥不寧又加連日陰雨不晴益令人鬱〻難

天風

過嫌西瓜一枚午後及晚睡前各食一半睡前羅
足十二時登床不能成寐轉起身吸紙煙一支二時
始就睡亦因熱也

八月九日　陰曆七月初四日　星期一

晨晴九時餘起十一時又陰雨一陣早点以後昏昏
又睡午飯勉進米飯一碗連日食量大減然不知
饑餓後又午睡至四時起因及津處函令亮錢消
息同坐久之至晚已又與張傑臣寫信一封詢問

津寓是否安全墓碑柏甫何以無隻字答复

西門者無論舍下是否安全均請兄作函立刻覆我

快信迄發日盼消息已夜不成寐食不下咽令人

焦急欲死此語寫畢收得手親還至臺知

植鄉乃夢快信入伏以來月餘未至浮塘沐浴

今日赴西四華賓園沐浴搓脚修足近日濕氣

甚重搓脚時放黃水（身作）因以精覺輕爽今的姐生

園正香積園食素滷麪一碗糖包兩枚今日

天風

氣候濕熱異常，為入伏以僅有之天氣也。晚飯時尤熱，食畢急歸寓，有由津來之[illegible]日庸報一份，售價竟至一角，又寓存世界日報及晚報各一份，據為該早晚刊最末一日之報，上乃言以平市日報除負政論調之責另出版外，其宗旨不變之報均有相繼停刊之趨勢。燈下閱各報，無甚特殊新聞，乃以十時後漸涼爽，十一時就寢，至二時始成睡。

八月十日 陰曆七月初五日 星期二

早晴，午後時陰時晴，氣候濕熱殊甚，令人鬱悶。經昨日沐浴及捏脚放出濕氣，黄斑均令日精神略爽。九時，給竹盦老人來函請來此時即去。午飯後小睡二時，起時陽光正烈，地上多日積雨蒸濕，為日光蒸發，令人鬱悶難耐。晚，張還研大字五頁，數月來近來臨池手殭，然不能握管臨碑，畢與高少洲寫信探詢律房安全情形。伏案多時，汗出不已。

頭暈目眩心中悶甚拟赴李宅因天熱而止且購西瓜一枚食半個頗涼爽夕時與興隆平行打電話探詢行同人楊君云昨接天津家信南開一帶住戶來函轟炸之危西頭一帶甚安家人均逃避西頭安語蓋楊君在津住南開松盛里左近與余房相距不遠楊君既得家中平安之信余寓亦必安全此內人子女並逃西余七月十一日家信指示要

时暂迁西头老宅办理亦可少受惊扰余十八日来日夜在宪家宅看房安全问题今得杨君电话继由间接知到南开一带情形亦可稍慰矣晚饭后决定不发寄袁少洲一函又与慕韩姻写信一件寄玉英姪男花旗银行追询何以不来一信晚在门前购本日天津庸报一份正由每份一角减至三十枚铜元矣 据载 天津治安维持会已组织成

主從前市府各局職員事宜，以已呈報。刻正招集登記，財政局被炸案卷儀器攜出（擇精甚多）大半，局房經五十餘間現遷至前保安司令部辦公。津市各租界與華界交通均不便利，各機關職員雖均有回飯碗之登記，急職均不能踴躍前往。其他各國要人亦更輕易不出門矣。據此始恍然大悟，家中不能來信，亦因無法向郵局投遞耳。擬載高凌霨住津維持會委員長

津……文稿……

负责乃正在派人组织李仲公者经电业监理处处长之设十二时赶紧与宋地初写一快信托其转函萱地又因旭初寿日将届便中说项写毕预备明日清晨送邮局赶明日早车寄津也昼夜又念西依中间气候西夜深似不凉爽三时为汗浸醒旋又睡

八月十二日 阴历七月初六日 星期三

晴九时起早点时接柏甫娅七日十时所写的

回信欲悉津寓丝毫未受损失内人子女均於
七月廿九日晨二時槍炮響後即於早八時安移
西頭老宅現仍暫未回寓由劉二留守并云
西頭極安惟津市局面至今仍未完全恢復
柏前截至廿日尚未能到行如工慕緯已於五日
設法到行但不能每日返家三三悠息十餘日往
還雖形容已略清家信到甚慰可釋懷矣
余一日所發寄至興隆洋行急電柏函繼未之

津僑文獻閣藏箋

及想請〻亦多遷多阻未能出行讀書亦無法
昭兄函多不接來信詩亦因多遇阻滯無
法到郵局投信也今日精神極佳午前
尤好居然不復昏迷且睡作淨課一堂午飯亦健
飯後亦未午眠臨張遷碑五頁不沐浴一次所
謂人逢喜事精神爽耳五時後赴西城林鄉
宅晤瑞健泉談時局甚久據云與老五因日
方責以責任問題曾已被害并聞有張某被

部下槍擊之說九時歸嫡庸坎一份已出價廿四枚矣由早至晚修樹栽午後四時至五時尤甚汗出不已昨晚與宋旭和蓉慕韓姪花旗行所出已於今早七時付郵因仍須照片乃寄津也

八月十二日 陰歷七月初六 星期四

晴 早晨即醒熱九時起得崔景南劉敏齋同來敏齋李胡以皮命紹崔君及余前往劉宅議商與天無紳士合作共同維持地方乃決議

胡適係委一人代理与绅士合組維持会出
城内覓地址表示仍存吾人負責胡君問余及
崔君何人能去繼代理余以体弱不勝繁鉅譬
翁并力保崔君代理崔初亦謙遜經余竭力
敦促之者首肯矣又談至日戰局新聞余因時已
午後二時天氣炎熱遂先辭出返寓三時始進
午餐三時小睡夕陽既下仍甚熱六時接興隆
津行平寓電話謂頃接秦德純來電一件遂派

天風

小江往取并寄昨晚与宪兒慧女所寫家信快
遞至津市另通知使將重要衣物文玩四部叢
刊四箱運至興隆代存家中所用錢可向興隆
暫行挪借若干云云反小江取來津電係柏甫
發於昨日拍發覆余一日之電謂柏甫近將到以
為日昨見讓庵也■晚飯什單五太太來談至晚
十一時仍熱在院二時始入室就寢
八月十三日　陰曆七月初八日　星期五

津[illegible]文[illegible]

早陰午晴仍酷熱，午飯後一覺醒來已四時矣，汗
出如雨，飲冰鎮綠豆水一碗，涼沁心脾。天夕擬赴
西城訪楚卿，但至五時忽由東北方升雲雷鳴，不
已旋小雨片刻而止，涼風徐來，溫度陡降，頗
今日出版之北晨晚報一份，知滬戰（上海中日兩方）今日已有
接觸之消息。七時接張傑臣復函，約十一日午
時餐止。晚與萬方洲寫信一件，託其對於津寓
需款隨時接濟，並請其通知平行同人將來如（余）

滿平日久經濟日見竭蹶 月來甚不能支給友朋亦無力通融 恐有小挪借云云

津偕文開同[illegible]

八月十四日 陰曆七月初九日 星期六

陰晴不定 午後三時後大雨一陣 五時三刻赴西城捨飯寺李宅 復至蔡鼓亭少洲平快出晤李宅楚卿勸搬進城内 并云成方街書房朱壹山願代說項余允明日往應李宅晚飯八時歸 堅留不免生 九時胡以俊見之到蘇決意作竟夜談 晚同聽無線電報告新聞及閱今日無晚報去康廣

报均言滬戰甚激烈中央軍飛機轟炸甚得力

南口戰至今正劇畢書過昌平訊与以波計議結束

物存了另有新的計畫倩余代拟致紳士函稿以波

近日願意身家留否問題殊費甚見憔悴余

於九时入睡湛与楚卿書作無談出天明未曾睡

妙

八月十五　陰曆七月初十　星期日

陰晴如常九时起楚卿以波竟夜未眠正開报旋

以泛先去，余於十時赴成方街訪朱古山，在唐〻地甚僻，識多不便，婉言以〻之，遂返寓。盥漱畢十分午飯，〻後假睡二分時起，代胡以泛擬致紳士函稿，五時許脱稿。函擬派人送函董卿云。旋閱街人因有拉夫之謠，車夫紛跳而去，草定告其財政局所加房屋登記已代調查，登記費按千分之二收，另有其他零星小費。回寓晚飯，甚疲，遂起早就寢。自經前昨兩日秋雨，暑氣大錯，已涼爽矣。

八月十六日 陰歷七月十一日 星期二

陰晴不定 九时起 身体疲倦 精神不佳 早點後又复小睡 醒後 意懶心鬱 勉强進午飯 飯後又睡至四时起 遂赴西城李宅 婉却朱壹山代找（李孝宇）之房 将什口戊胡同再擬出租 至慧卿處至晚飯 晝正點返房 接電話 廣安門内正忽軍車 嘱余不出 回房 八时後小雨 西單一帶商家亦均關門 街上行人亦少 与慧卿读至四时始睡 但又被蚊子所擾

久之乃入睡　九時及十一時半鼓樓綫電廣播報告
滬上亦有戰甚為激烈　雙方至今無大傷亡　南口及良
鄉靜海各路亦有戰事
八月十七日　陰　陰曆七月十二日　星期二
陰　早小雨　八時半醒　起後即由李宅回房至西單
購晨報及昨日天津庸報　歸西單　返北菜市晓
市到陳四購青菜　種類雖多　但購者極少　市面
蕭條非昔可比　返寓後盥漱早點　昨夜未眠　但今日

并不困倦 天氣向熱 久陰不晴 晚澡并寢

八月十六日 陰 陰曆七月十三日 星期四

仍陰 忽雨忽晴 天氣鬱熱 精神頹唐 以不能展卷 亦無興握管 終日除昏睡外 默念佛號 午後正擬出門沐浴 但聞廣安門大街通過軍隊絡繹不絕而止 晚至西院聽無線電報告

八月十七日 陰 陰曆七月十四日 星期五

仍阴，时雨时晴。早接柏甫十六日信，知津房
重要物件及皮衣寄於少先運至興隆洋行，
惟书籍笨重各件迁置。同时又接協齋、少渊
复函，对北通融款项事已函知平台，旋接平台
杨晋三君来電話，謂接津行信，何时開放，請
印来一取。余答以现在不同，午飯後略息二十分出
门，拟至西单沐浴，因不遇车，遂改道至王廣
福斜街一品香沐浴理髮，六时归，阴云已濃

天氣向熱有子處無大雨少頃即止晚閱曾文

正文集十二本寢又大雨一陣經一時始止

八月二十日 陰 陰曆七月十吾 星期五

陰晨雨甚大九時許止終日陰霾晴時甚少且小雨

不時旋降旋止夜半月來雲谿南走綿濕氣上

升天現悽慘之色人無舒氣之時今日節屆中元

尤使人增加無限悽涼之意早晨作淨課一卷

午後復摹錦帖有姪一通作言設諸將四部

天風[illegible]

津海關檔案

叢刊運至興隆洋行并囑內人等暫緩返府及各担（等物及字畫箱）
米麵費用并付修步行至騾馬市大街炸電灯砲四枚
落暮後只見軍用載重車由廣安門開（閘）絡繹不絕
多輛駛進宣武門亦有迤行往東至虎坊橋北並由
廣安門大街菜市口及分往宣內或往東行此路已為
必經之路由晨至暮隨時不絕行人及商店皆延頸翹
望但亦彼此相安聞昨日晚報河北省各界地方維持聯合
會已於十日成立劉宇（民）王揖唐白浣亭諸公皆為委

员白王二君担任总务今日该会招待新闻记者
并发宣言又由白浣亭君说明成立大会宗旨
注重赈救各地被难人民如补救食粮之缺乏一方
方佐农业田禾而逃往外方之农民急速返家以备秋收
之农作此外两种治标治本双管齐下此亦该会
由协北赈灾物品平高绅巨富等组织而成该会
要员既为热人拟内维请判守民一谈又冀
察政委员已结束该会重要人物已纷纷去津北平

天風

市長已由北平地方維持会主席江朝宗兼任，已於今日到任。統稅收机関以統稅局、菸酒局、清查處已分别更換。上午又大雨一陣，達一小时始止。十二时練習運身功夫後即睡。

八月廿一日 陰曆七月十六日 星期六

晴。連日霪雨，潮濕甚重，今日始行放晴，秋風習習，着身甚爽。早據宋家男來家，知已逃回南開庵。早點後於十二时至大紅羅廠劉宇民宅，稍候與劉君會晤，見面之後即約

余在女维持会帮忙余眷既居河北省人
理应稍尽義務於該会常委白浣亭王
鹤年二刘再聽均舊識也又新識委員
賓夔楊石小川張鏡府以聆彼等該会
中近日工作情形及时局現状余於午后五时
收諸出版行白王賓洪君与余約定俟以
日将增聘余加入該会提出於会議通過後錄
日到会办乃余二九三五時半至西单小食堂食炒

麵一盤並無甚好午飯也食畢赴李宅
胡君適亦在當告以頃所聞於白澄亭所云
某方已委崔麟台繼任大興縣長乃胡對
物亦似仍優游寡斷一誤以底稽生即偕海
游出返寓據房中人云由午三時起聞大砲聲
不斷且西草於三時左右者有一度小驚擾晚
至西院聽無線電十時半回寢運身術睡

八月廿二日 陰曆七月十七日 星期日

晨晴午後又陰早飛機多架飛過聲甚大
震動屋頂九時起早點後與宏兒寫回信
寄上紙告其查看情形仍以回西頭老宅暫
住為妥并告興隆借錢可匯乃交少洲處兌
給汝母不必向該行支用即典質金錶等
件继揩現狀又教其練習大小字左痛跤
其兩端午飯後小睡五時出門赴家代購名
序紙又至宣外大街書鋪一看亙白苦無書

天風

該擬出去購物，竟無書意，此六時歸居信
未讀。七時晚飯。後寫名片十張，備明日拜客
用也。涼風颯爽，大有秋意。十二時練運術後睡。

八月廿三日　陰曆七月十八日　星期一

陰雲密布。七時半起，九時半出門，先至李宅，楚
卿已出門，候片時歸。與劉宇民宅通電話，知其
已赴維持會。十一時在李宅用午飯，午後與宇民又
打電話，因該宅電話已壞，旋後通話。由二時小雨淋淋

三时忽大至四时后始渐息雷亦渐敛今日由早至
午后三时许西南方炮声隆隆断续不已有时炮
声较大似在二三十里以内旋闻朱壶山到李宅
云炮声来历似刘桂堂孙殿英旧部（但係孫部）受日军
收买接济以资但不打中国军而反擾亂日军
后路近日炮声即日军在近郊剿办此项倡亂
衛也所闻如是不知确否然以炮声忽有忽无
三五声或十余声即止情形测度亦非茲与正

天風[illegible]

武軍隊對壘之狀丹五時由李宅赴劉宅至
該宅知宇民下午又到余加之僅與其管家徐
某留住址電話號碼囑其候貴上歸代為
通知而已遂出至西單購食物換車返寓經
日陰（迎）雨（星）秋雨淒其暑氣全清涼爽實甚
六時晚飯十一時作練身術就寢
八月廿四日 陰歷七月十九日 星期二（午後閱報）
陰十二時至大紅羅廠劉宅知宇民已赴維

持会据阁北徐某六爷云向何以不到会裡去余
答适昨日未与六爷接头不知函于我的乃已否
提出议会徐云不必候提案请即到会可也余
遂由刘宅往府前街石碑胡同口外迤东河
北首地方维持联合会访刘守民稍候延
见经其引导至常委办公室对众声言给余
在秘书处办了证与王鹤年白浣亭张律生
各常委会谈惟闻该会秘书处现被朱某

把持排斥，實已封，余加入該處，似有消極抵制之意。白濱亦知其意，遂邀余至其處，婉轉要求邀幫忙，情詞殷懇，余還應之，在該處坐至四时，白君因事出去，余亦甚覺無所可為，遂出至西湖食堂食炒麵一盤，後至李宅，遇馮五、孫劍泉談时事甚久，據云今日由晨至午後，從南至北過飛機數十架，想平綏線南口一帶戰事甚烈也，砲聲亦陣陣时傳，时續时斷，但聲音較昨日稍遠，在

李宅晓暇以外仍即归乡寻至冀地方维持
会原以地方人士办理地方救济乃业凡历在
会人士均为桑梓尽此些许义务而素既不争权
夺利之念亦不计营财之所为何把持排斥之有
今该会竟出现此种败类甚至此项怪象其人非汉
奸国贼即属丧心病毫无心肝悲愤之余不禁
为国家前途痛心曾一起订阅天津庸报一份
藉以略得乡里消息非为受其过度宣传我讯

晚十二時作運身工夫後就寢

八月廿五日　陰曆七月廿日　星期三

竟日沉陰，天氣涼爽，八時後起，早點後又小睡，午飯後一再思索，維持會內幕複雜，份子不純，已決計不再參加，以免貽此國奴其之怪狀，但此次完全出於劉宗民之邀約，及經白滌宇、王鶴年、洪君贊成勸迎，故不言而退，似對不起劉、白、王、洪君盛意，遂決定今日再到會一次，以便與洪君說

昨婉辞当于二时赴会，仍在总务处晤谈。白浣
亭已出，留言请余到后在处帮忙。阅今早议录，知
室秘书六人，各处干事三十人（总务处十人）。五六时
白君他来，过会与刘宇民晤见。刘询知余经白君
约在总务处帮忙，甚表赞同，并云秘书处现
经朱某把持，外人到后亦大排挤，不如在总
务处办事能以全力，且总务处无一懂事之人，有
你之能力，代为清理整顿一番，总处已甚表示

天风[illegible]

幹事王元甫陈香九二君亦為舊同事陈仲三鶴
年同鄉（宝坻）且以近親現執行律師職務捐設
均甚暢談会經參幹事均為委任薦委任人之
殊亦所宜蓋從前会此小行政機關如許人又為
校論實難而任事機应一律遴聘不应專用官
僚氣派也內政部長去之出之米業派之張某為
過官癮擇任乃見余院經劉君力邀似又不便
不容與委托惟告者楚經之事須侯經日見白君

前讨昨再定去函今晚始出会即归七时晚饭 天气
凉爽似深秋十时续选美术即睡

八月廿六日 阴七月廿一日 星期四

仍阴午饭后到维持会总务处又晤一同事名
张布天君次人常委魏子丹之人也经陈香九
介绍谈次知渠在服务交通部早经到会近数日
请假今日又到会办事傍晚自流方面力西平市
维持会谈拟经费积弊由会计股拟订之

预算：经常费规定月支五千元，特别费月支三千元，共合月支八千元。余因有时已晏，与向君约明日上午到会再去上海。归，凉风习习，直觉入肌骨。盖余尚着绸子褂裤夏布大衫，犹已难支矣。晚饭后拟回故平市继续绘画稿，十二时始毕。夜甚凉。

八月廿七日　阴历七月廿三　星期五

早阴，午晚晴。今日为孔子诞辰，会中放假一日，特

余因昨与白君约定今日午前到会拟出稿件十
时赴会晤南苑人马佳杨姓渠皆识余为天兴
钟府袁秘书但余在钟袁与地方人不接触故
不识也与昨谈达日南苑地方情形知已渐恢复
秩序大红门一带亦已经来以先昨由田将昨晤所
拟出稿整理完毕白君点头遂与研究文
经秘改白君补充昨日未及谈明之意继复
经王鹤年常委参加意见再由余归纳其意

至西单北泰园理发馆理发，又至两家旧书铺查书，购涵芬楼版仇池笔记、东坡志

将稿稍加修正，王鹤年甚加许可，极蒙赞同，人亦颇赞扬。白君已答要，惟因此件之出陶似较重，白意须俟明日再经数位常委签定后再缮稿。午饭在会内常委席上，用毕后与会计股白君晤谈许久，安君另觅直鲁军时代褚玉璞军需处长，所谈均是随褚办军需时之旧闻，但亦可闻知张褚诸佚闻。二时张布天到会，余遂出会，赴李楚卿宅晚饭以后

林卿集 麈史四种
借费洋四角，又靖吉借
馆历代名人小简上下两
册一角，又湖社月刊六册
每册三分，攒估六角四壹云
近日剪此多买些，少买
均甚廉，大前付钱即售之
势市面萧条，书籍
尤为不急之需耳 五时

剑泉来，因闻近日南口上海中日军均已势闻
近日晚间无线电台亦话不到，较好收告且播音
似有人扰乱，亦觉不佳。楼上楼下左楼师宅又晤姚子年
谈赴津上下火车情形及沪东时津市某处被烧
炸之况状，公许储梅归，归后闻李胡同于下午七时
军校人在一小鞋铺张孝鞋子购，被铺掌被殴，因
此胡同内住户铺户均惊恐，实幸提前关门户
晚濯足，十二时睡

天風[illegible]

八月廿八日 陰歷廿三日 星期六

晴。十时赴维持会，今开全体会员大会，延至十一时半始开会。由白浣亭主席，并报告，李壮飞、魏子丹演说。日顾问滨本、津滨。十二时毕，闭会。由委员到者极不踊跃，盖已照章团体会员亦到席充数。王纯三、钱西民均到会，西民以余现住房所逼近日军营，给搬到其宅住，余允明日往访之再议。午到西湖食堂午餐，回房略息，换大褂。天气又晴

熱。十三时又到会，允張希天与白浣亭组宣组稿委
职员。职务单張自将個人名次列在第一名，隐(名掌)
然本月以职员领袖自居，抗年与余密，余不加可否，
決意退出委员与委忙，每午后到会一次，结再去
我不了去了，所以不到会，六时半归。早接慕安信。
晚与宗田信，两时半睡。

八月廿九日　陰曆七月廿四日　星期日

晴。未到会，办公。午时与崔景南電話，约其下午六时

來寓一談。午後三時赴學院胡同訪錢亞民，承其懇切約余將寓處遷其宅內居住。近日各友咸以現寓逼近廣安門及南橫街，日兵紮，不甚安穩，紛勸余遷居。余以本胡同內尚安靜，乃不願無自擾。亞民宅院位在城內，地方又偏僻，似較安全，且承盛意堅約，余亦心動，今日已允之，約定過二日再定。王元甫亦來訪余於寓所，係先溜出至李楚卿宅。楚卿出門未值，即歸。崔景南已先至候多時矣。

高将现在新任大兴县长，孙维持会意将胡任
委人更代，今向吴报告，探询已渠之，数日未暇以复
不知现在何处。八时后霸南谘去。晚阅庸报，十二时睡。

八月三十日　阴历七月廿四日　星期一

晴。午前未出门，午后二时许赴维持会，无事可办。
白浣亭将大兴县维持会致胡任信稿交出。
饭余独至崔景南一阅，五时许即出会赴李
宅，冯三、陶三均已在，晚饭后即归寓。傍晚时日气候又略

天风文斋南纸店制

覺向熱十時後忽降雨將廿六日晚與慧女所寫
長信午後在會又加寫八行紙兩頁托紫明付郵

八月三十一日 陰曆七月廿六日 星期二

陰由昨晚降雨經夜未息今晨醒時六時小竟
日不停至晚十時仍淅瀝不絕恐又連綿竟夜
矣終日未出門街上靜寂并一小販叫賣之聲
亦無之大有秋雨秋風愁煞人之概飛機亦因雨而停
止活動終日不見一機飛過除聞雨聲外萬籟[illegible]

俱寂矣午后阅去自遣傍晚与萧紫鹤写次函一件告其欠织照秋节不能归里盖因交通为阻隐门为匪徒接办候接办后即先寄还现在市上所售墨汁品類甚多要以北平龍泉孤兒院出品之湛然墨汁較佳余年来臨池每於磨墨不及之时亦常用之因其膠輕而少浮煙實勝其他各品也今日偶閱佗池筆记叢一論墨條云今世論墨惟取其光而不黑是為棄墨

黑而不光，字迹無神氣，亦復安用？要在光清而不浮（原注：本，徐鈔作湛；渾注云：一作浮），湛湛然如小兒目睛，乃佳。於是始知湛然墨汁命名之由來也。

晚閱本日庸報，載南京政府與蘇維埃社會主義聯邦共和國民政府於八月廿一日在南京簽訂不侵犯條約全文四條，廿九日在南京及莫斯科（上海方面）同時宣布。又載日陸軍以續部隊廿九夜在滬登陸，壯舉成功，唐家宅球場確被佔領為日方面日滿軍三十日佔據赤城，張家口撤退，日軍入城，劉汝明似已逃往山西。又載日本軍三十日猛轟滄州，陳官屯陷，馬官屯已繼陷，其語但多日未証。無線電報告據証，據云近日播音極誇戰事，報告亦廿五日尤不易証實，深足慮。十一時半睡

九月一日　陰　歷七月廿七日　星期三

~~陰~~晴　九時偕擬赴会，旋止，午飯後赴会，六時歸

九月二日　陰　歷七月廿八日　星期四

天風

陰晴不定。七時半崔景南來，明起將大興縣維

持會移胡二四交共一閱，但接渠後亦多日未晤胡矣。

景南擬託余代謀維持會事，余謂從代其一辦。

九時往赴維持會，王鶴年與向余晤談，如無可顧

慮乃已，無會為那忙，余卿表示亦不能多作事，惟古人

獨攬大權，余因之無從下手，只以退讓，免有爭權嫌。再

與陳君九皋往宋語，不能向鶴年進及，再窺今日

王鶴年所談，似由白滄方授意，此白王二君既有此項

表示余拟明日起毋早到晚散切实帮忙四时赴兴

隆平买借洋百元六时至李宅将前借楚卿五十元

交还即返寓晚餐由今日起在会用早午晚餐一餐晚日

与张居停主人商迁居事

九月三日　阴历六月廿九日　星期五

早食阴并小雨九时半赴会终日甚忙七时归出天

继放晴而云气未退人独自至西来顺食烤羊肉

三盘烧饼三枚烧酒一壶高汤白果一枚稀饭一碗不

費洋七角二分另付小帳一角 去墟華染坊取染

直羅大褂一件 八時許歸 晚與張居仁談許久 身

体疲倦 十一時半睡 聞莊景菊夫夕來訪 稍坐即去

九月四日 陰歷七月三十日 星期六

早陰仍寒 九時三刻赴會 午後往三川會 聞陳香九君 接宏兒來信

言據外晚廣播報告日本國內甚起反對戰爭 此只占標

語蘇俄軍甚勁 并有日方有停戰條件 除中東路外將

東四省及華北均可交還中國 六時往姑丈處談談而正候至

六時半伯仍未歸 遂與香九同出赴李宅 晚飯後八時歸

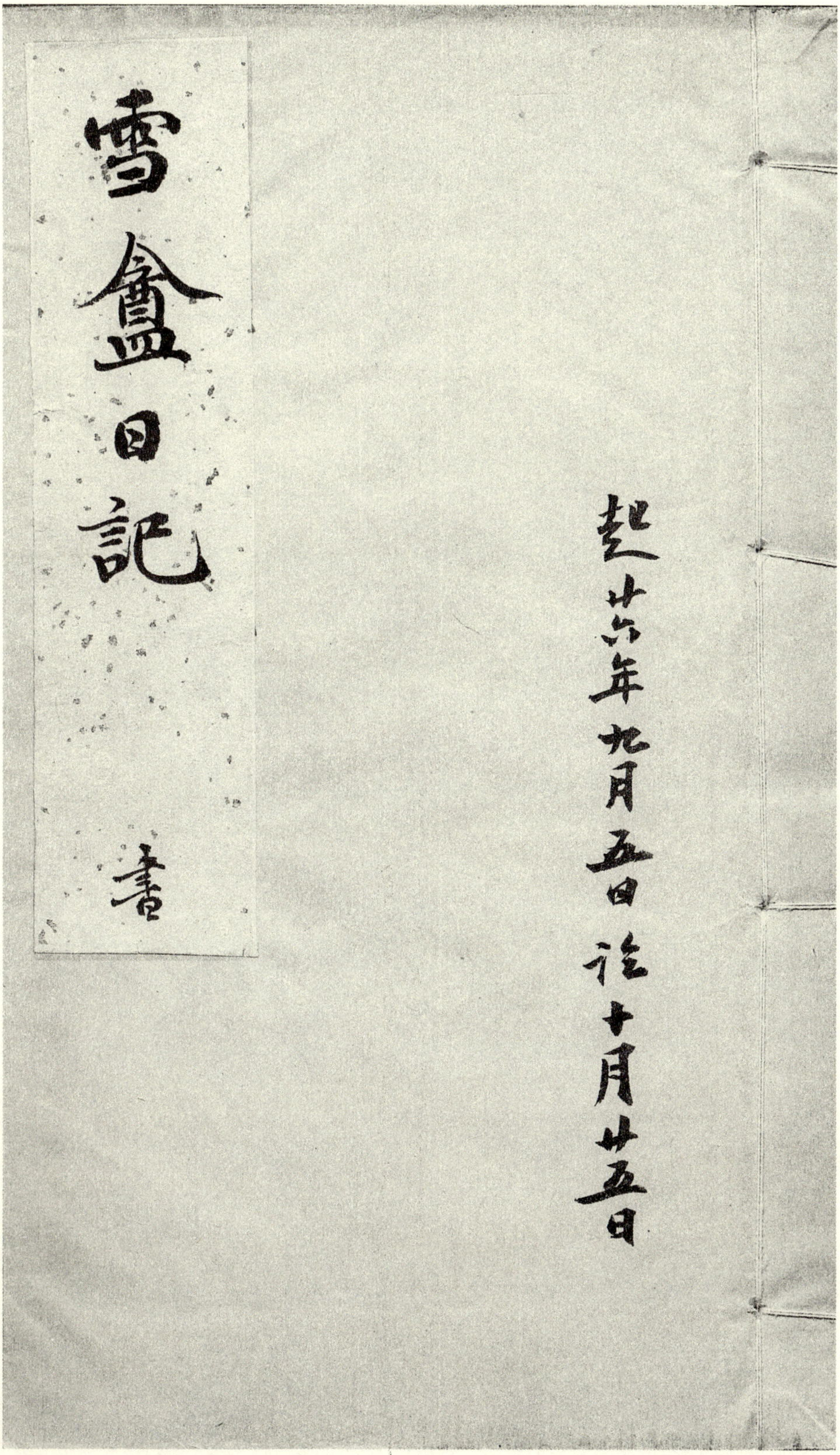
雪盦日記
書
起廿六年九月五日訖十月廿五日

九月五日 陰歷八月初一日 星期日

早陰 午後晴 九时半起 十一时半赴会 今日向常委員兼總務處長應輪星期值日 並以余於前往 恐有事物也 到会後同人已開過午飯 余個人另開一份 与崔景南打電話 知已赴厲樹来訪 又与房通電話 知到房後已去紹宣 晚六时再来 王鶴年下午到会晤談 王君对於平市維持会拟对本会行文用令一節甚表反对 且聞近日各方對冀察会均不重視 尤以經費

無着一切救濟事業及會務進行無所措手
成立時僅由冀察政委會撥付開辦費三
千元本會成立已將匝月究竟開支若干
因會計庶務獨立不受總務處節制亦
令無從得知本會對外基礎不固對內事權
不一致不能推行循欽一筆遺豈力所手與王白
二常委略談並由該平市會借撥傢俱
回稿一件及通知各要署派員赴各部籌
備員聯絡員稿一件於乃時出會赴該華

员沐浴两星期未得沐浴遍身泥垢甚多今日抽暇一浴轻松多多矣与祝三打电话告其不能继续渠给明晚到其宅用饭七时出园急返家崔景南已先到候许久矣将余巍手借去备明日赴大红门找行李衣物余亦托其代寻被褥不知能得到否晚十一时后睡

九月六日 阴历八月初六日 星期一

阴九时后赴会刘宇民由津回本日会初次到会但未出席常委会此次在津接洽拟

無圓滿結果，盖要說不来，但終主席無言
面，亦不加重視。河北省地方維持会巡難支持
下去。再四时赴学院胡同錢亞民宅，与錢
君談甚久，言未定，距選移續，五时返会，晤亨
桐，高六时往赴總布胡同應王視三之邀，在寓
吃便飯，正則似無準備，且以天晚路遠，飯後回
寓。恐有不便，与略談即辭出，乘電車赴西單
入西湖食堂，進三仙炒麪一盤，酸辣湯一碗，米
飯一碗，饃子兩個。食畢已八时，即歸。今日午後在

东西長安街見往来兵車甚多似頗緊張之
態四时天安門有飛機二三架飛度甚高盤旋
雲際不知何方之機甚可怪也
九月七日 陰曆八月初三日 星期二
晴氣候煦暖八时起早点後仍因倦未赴会
午飯後三时到会始知今日各常委職員多未
到会今日本為秋丁祀孔之期由北平市政府
通知各機關參加維持会常委均於昨日通
知市府與祭并於議席決定今日休会但

白主席因此说并未嘱绝务变通知各
处放假也余到会后与王鹤年略谈白说寺
亦于三时往赴到余拟函知大兴县维持会
会不得干涉政治稿一件缘大兴县自胡以皮去
职地方推罹轻青请委为县长近罹又向
北平市维持会呈请并由大兴县分会推荐
李仲华（希曾）继任北平市维持会维亦照准
并函兼书维持会查照此向常会报告日顾问
不以日兼大兴县知事举为然故由会函知大兴

約合促大注意否則百有千弊行政之革也
余於四時出至西單北大街各舊鋪巡視
購社月刊五份每份已售三分但最後出版
之一百期據八分計算據云一百號月刊肆內不
甚多兒童直接售一角也又以四角代價購民
元商務印書館出版之新字典一冊甚便宜
也晚購食品於府右街直近廣今日氣候又燥
熱鬱襟袂揮汗不已多日陰雨近兩日放晴
故氣候又轉熱也錢亞民於午後到會相訪

其时余尚未到坂未及晤也

九月八日　阴历八月初四日　星期三

晴　十时赴会参议镇所设分会原名河北省

地方维持联合会某委员会日顷向建议

政务某委员地方维持会不用分会字样又

全台地方维持会出拟有成言函复进行着

案以上两件由余办稿分别函知　七月份应发

夫役薪工今日已发放以后本会经费每月拟

一千五百元　拟　具预算书六日顷向意旨传达

此報如理照此会絕難延長蓋為教職員不能純盡義務早到晚歸整日工作也今日館会四處少須崔景菊來訪據談渠向舊同事播海調查存在大紅門行李衣物廿件均業余及景菊鋪蓋廿件均已遺失大綿絲被料存姜殺厨殺整勢掠奪矣接蕭紫鶴七月廿三船中信一件竟費一個半月之久

十二時睡

九月九日 陰歷八月初五日 星期四

陰。由昨夜陰雨加以雷聲隆隆，今早九時後正擬赴維持会，於十時許忽大雨傾盆，並間作鉅雷，雷聲如伏夏，豪雨達一小時後始止，大有溝滿渠平之勢。至十二時後雨晴，午後又陰。二時後赴会，因各常委今早未到者，遂延会。見先次根每月一千五百元改擬預算此單：秘書二人，每人月支夫馬費五十元；日文秘書一人，月支六十元；總務處組室幹事三人，一掌收發，一掌庶務會計，一掌文牘，每人月支三十

之其他各處幹事書記亦多核減本会办理
地方維持權論五業又無的收撥充經費办
事人員自應以盡義務為原則惟成立伊
始對於办事人員概下令委任因殊與義務
名譽職不合既由会令委而又令人純盡義
務尤屬不當余到会之始即主張凡屬在会
办事人員除書記雇員外概應聘任嗣因
經費拮据不能若人跂道夫馬亦無問題以為
按此次此案觀之秘書幹事人數既較嚴密

其核減名額凡在額外其共路須以處之再
自經核減員額請自侍出總務處內向無
事可辦之幹事陳香九已悄然而去以秘書名
義在總務處總綜攬一切之張布天見
個人位置無處可處（總務處既無秘書處空而
秘書處又無其人位置）大形沮喪已無包辦之
勇氣矣此君對於金錢縱極注意而以較
為恐慌其實即處每月[illegible]領到三數十元又有何
滴~~不足令人~~其患得患失之情態令人齒冷

告第一校滴院言嬰所撰英甫國所中經
費無著擬出以啟募捐攜來捐啟稿向
院言嬸女宛長不切合倖裁託余代為修改
久時又陰雨且今日未開會以予無為余蔽遙推
原稿出去送來晚飯後代言嬰所修改捐啟
稿十二時後始睡

九月十四日 陰曆八月初六日 星期五

晴天氣稍轉暖夜內腹痛甚劇早起後
即登廁早點後仍覺腹內不甚適又如廁一

次幸未作泄，闻近日患腹泄者甚多，古谓
饮料不洁之故，未知是否。午前未赴会，午
饭后改穿呢大褂，二时半出门赴会，到会后闻
今日午前日本领事滨本因事未出会，故未开
会。午后三时该领事到即开会，各常委已
拱候多时，一闻领事到即纷纷鱼贯入会场，而
开议五时半始散。余拟散会后赴办复大兴
饬地方维持会暂勿改组之稿及复宛平县维
持会请辞职之稿各一件，即在会晚饭，候白

常委画稿，八时许出会，即返寓，晚阅庸报及历代小简，于十二时睡。

九月十一日　阴历八月初七日　星期六

晴。十时许赴维持会，十一时顾问昭到，即开常委会，十二时许即散会。今日开会时最短，无甚议案讨论也。微闻昨今两日议席上，顾问均有不满表示，且对常委有不客气训饬。此会内受顾问诘难，外卜画遭各方轻视，为金署长命更觉不久。在会午饭，后晚饭毕即出赴老菜街訪查竹籃探問其義子立狀控謂其已經法院判決脫離關係之抱養之子自經去年送入感化院以後此次事發忽被釋出院在院十閱月備受罪苦脫骨換胎五官位形容瘦削憔悴情狀目不忍睹形像且兩膝發生一瘡膿水淋漓備極狼狽出院以後無食宿之所且無投靠之處經數日覓尋結果仍將竹籃居所覓得見面後竹籃並未與之談判即又進警察局歸案仍又收回

感化院继續度其形似囹圄生活據聞生
子造葉勇端惡貫滿盈受其果報實有
因緣其次查入該院班長瘐死乃悲慘
聞玉李宅与楚卿談至晚飯後八時許偕楚
返家今日仍閱報午後據各報載歸外津浦
線日軍已於今晨進佔馬廠該處為津浦線
要鎮[redacted]為軍事所必爭每晚閱歷代
名人小簡数頁十二時睡

九月十二日 陰歷八月初九日 星期日

晴。昨夜睡頗遲，今早三时左右微聞遠處
砲聲，又聞街外似有人聲，並加以犬吠之聲，
殺殺之。继夜似不静寐，因是时被驚醒，未能暢
眠。於晨九时半起，因是星期未赴會，加以早
點心昏昏入睡至午後兩时半，仍不思食，勉强進
午飧飯，以精神仍不佳，又復小睡，經时今日竟
日頹萎不振，心中煩悶異常，加以午时前後
天氣燥熱，益使人精神鬱鬱寡歡，坐臥皆
不舒適。午前十时後西南方砲聲隱隱可聞，吉

时发声甚巨至十二时始止天空飞机往来频
仍由上午至傍晚迄未稍间四时许向西南方
机声回旋经时不绝但似在十里以外盖以其闻
其声不见其机耳因终日未出门亦不知今日敌
之炮声机飞何以如此之繁且盛耳晚购晚
报一份欲得战事消息竟无只字登载只好留以
待明日出而探询可也夕又小雨时降时止以近两
日天气闷热测之恐将有大雨矣由今日起
拟提早睡眠以免精神不振

九月十三日 陰曆八月廿日（九） 星期一

晴 昨晚十时后大雨兼注 雷电交作 至十一时半就睡时仍未息 今早無放晴 惟西北风甚大 凉如初冬 街上小贩颇多穿棉衣者 余於九时半出门赴維持会 到后赶办一篇分会事務簡章並通函稿 閱畢 點下班前知会各處職员於昨日（星期日）到会討論合宜办法 但昨日亦未举行 僅規定每日開会时由各處派一職员到会場办公而已 今日總務處由張君出席 明日再由余前往 午

饭在会用餐，惟近日伙食日渐不佳，菜既减少，而又冰冷，疑之成之时过久，多之此与机关包伙之通例也。五时半退出返房，今日飞机不多，昨日日炮声由来亦无从探悉。天津庸报今昨两日均未到。十二时睡。

九月十四日　阴历八月初十　星期二

晴。十时到会，少顷开常委会，余列席。指导校务秘书黄[illegible]亦派员列席，见会场上各常委发言，极无秩序，且委员间互有意

見言外不免时露弦外之音甚且明言攻擊
此種情形魏、丹尤甚 魏亦近五旬之人但言
語動輒有服均似青年氣盛未克涵養之
慨对於会務挑剔吹求之言多建議與加之
事少此亦（别借）河北知名之士嗚呼河北真無人矣
一时半散会 個人開飯一份 有时能会
九月十五日 陰歷八月十四日 星期三
晴 十鐘时到会 各黨派員到席 常委会由今
日起又因口頭問之言而取消 閒常委到会共

僅三四人，本会氣象日就散漫，代主席白君

人相謂不負責任，諉之無不推諉，且年事已

高，精神不敷應用，每日議場報告提議文案

紛如亂絲，散会以所議而決，落無頭緒，為領

余代為清理，經白忙說，堪無謂之爭，大好光

陰擲之虛牝，實未曾有之現象也。本会開午

飯，下午趕辦文稿數件，無時暇。[illegible]

九月十六日　陰曆八月十二日　星期四

晴。十時到会，白浣亭出示擬送日本川岸中將

七言絶句詩一絶云不妄殺人良藥方初民疾
疾苦果如傷長辛店外旌旗舞如見曹
武惠王文經劉宇民附以題詞云宋曹彬下
江南語諸將曰余疾非藥石所能愈如不妄
殺一人則疾自愈因彬封郡王謚武惠見宋
史今川岸中將劉宛平知境内匪告知長
雷君曰法指明避難人民棲止處以免傷及
無辜仁人之言其澤溥矣援之武惠無遜色
代為推敲晚易哲字今日則會垂貴似不多[illegible]時

仍雒赴捨飯寺李宅偕瘦梅友梅赴学院胡同看房主人亞氏已出在院内外覽及西屋曲廻視一周即出返李宅晚飯后八时半偕梅返家往舍往看對于錢宅之房院似已滿意矣

九月十七日　陰歷八月十四五日　星期五

晴　十点时到会　到会常委只三人日顧向大公滿嘴總務實甚適通知請各常委明日十一时務須按時到會　午後雷鳴降雨數点而止　六时赴錢宅訪亞氏　渠煩代擬函稿　賀熹澤

會八月十七日壽辰約以日送王亞民雯七時多々

返寓晚飯後擬出稿十時已脫稿

九月十六日 陰曆八月十四日 星期六

晴天氣又漸暖十時半到會劉守民王祝三已

先到十時開會今日到會常委毅身且扃戶

密議不知究竟何項機密議案散會後向石

小川建議每星期一三五開全會各常委均須

出席二四六開事務委員會只董事長已常

委出席並提議努力向平市維持會請求救急

费两桌均通过。下午三时招待各慈善团体
会正在阴历八月十四，昨日即为秋节，全体职员
服务一个半月，分文未支，马费亦未领到，均甚
盼会能以领到若干，以资过节，阅但主席孟
总务委员白君不肯负责，继经各委员催
暗索，张并表示下午三时开平市继续会议
决，今明日以先措一千元渡节，经以白君不敢加
而搁置，据余揣测，各委员成员人数均超过预
算，空额份人应发，份人不发，既未知空去留

以不敢違恭惟急待此項還節世兄而大罵
白君之因循延誤而不如乃五金於六時離會赴
李宅據之先來告示鄭叔來往始知王海生
已往陰曆八月初六爲換書童寫多往予晚
領不容同過否

代錢亞民擬賀高澤畲函稿錄存

敬啟者蓋案事宜粹甚津門戰端旋起因思
府郎適當要衝深以安全為慮前於七月三十
日本函奉候諒已早達

籛閣、嗣閣執事：欣悉
望隆中外，
宏謨時頌，
主治安維持會，
長天津市政府，
霖雨蒼生，造福桑梓，下風額手，曷任臚
懽忭。愛業自春抱恙，迄秋未痊，因循疏濶，
尚稽簡賀，歉甚愧甚。際茲中秋佳節，
恭逢

千春今旦桂殿香飘
松龄庆衍
勋猷与日月同光
弟碌碌借河山益寿遐陬喜溢天地欢腾
受业执學情殷称觞远阻况栖下久困时
正休明聚贤况已彙集進邁軸免依翔淹。。
稍俟病痊即行趋谒专此肃贺并申悃忱

九月十九日 陰曆八月十五日 星期日

晴天氣晴朗氣候甚暖惟軍事甫過市蕭
條殊少佳節氣象月餅水果購者甚形
減少今日未到会九六午飯在家食麵午後赴
學院胡同送正稿與錢亞民閱又煩余代寫
寫畢已近七時趕赴捨飯寺李楚卿宅應晚
飯之約菜由該宅廚房所備均甚美飯後
至家有朱壽山孔棟延陶鏡湖馮氏昆仲等
九时返家皓月當空分外明亮惜街上行人稀

少言家依然提前上门，外交承平时热闹之晚。代庚贾楙坤妹写复其舅刘学□函一件。即睡。

七月廿日　阴历六月十二日　星期一

晴，燥热。午饭后赴维持会开会。北平特务机关长松井赴张家口就任，继任者为谷荻大佐。会常委数人于晨间赴南苑欢送松井，机未开。常会。午后在会办公，无事，至五时许离会返寓。晚饭后睏倦异常，提前于十时即睡。

九月廿日　阴历八月十七　星期二

晴。午前以向熱實常十时来引会。勤今日开第一次事务委员会，但因顾问及不当委员长之委员亦出席，究竟为事务委员会职权为何，亦未规定。惟据白主席之本会简章，似又特佳，不以为然数日之发之气，殆气象矣。但亦究不知何所见而云然。给以每月[illegible]办经费预算及职员支马支配，均须仍未规定。又时出会，在室内小排读清末时人手札影印本一册，因只得下册，亦不知名称姓

内多天津知名之士手札如陈石遗姻伯赵幼梅

先生等晚饭后如庵信之人来谈十二时睡

九月廿二日 阴历八月十八日 星期三

晴十时后到维持会午后分办稿件六七件候一

小时办毕五时后赴捨饭寺李宅晚饭后坐至

十时始归接慧女及柏甫孙来信各一件报告

津寓已于中秋节日迁移至特一区三义庄俞

宅暂住笨重傢俱寄存兴隆洋行其余物件

寄存南斜街王宅其次要者以无从搬动者盖

因南開一帶軍隊雲集津寓現租之房已讓適知今騰出將駐軍也經此一番如遷避稍移不知所有傢俱衣箱及零星什物不知又凌亂至如何現狀盡失損壞尤所不免然較之津市戰時若被日機轟炸或遭燃燒又勝強多多矣來信又云芷庭姻弟於八月十五中秋節日逝世芷庭患肺病已經數年中西醫均早束手不過苟延殘喘而已此次憂慮津寓為甚又經遷避余即料其不久人世今接此札

亦在意料之中惟王宅近年景况大非昔比且夫人所生之子多不育女子竟有三个人之多其夫人虽有精干之名但照之难重振家声不禁代为浩叹阅竹后心绪甚恶劳十二时就寝

九月廿三日　阴历八月十九日　星期四

晴九时起午前去赴会加士孟竹斋梵月和尚先后来访与柏有韩惠女名写一信告以如能在俞宅可以暂住即向其分租住房楼间

按月送房租，其即自己備飯，盡俞宅維持亡親。但俞蔭才姻兄近數月賦閒已久，經濟不甚充裕，向其租房數間，彼此均有合宜情。俞宅實不能住，即在特一區境內找房三四間，藉此亦緊縮家庭範圍。蓋戰事不知何日始能結束，不能不預作節省開支計也。與柏齋先生並告以近日不能回津原因，並囑其時至內人處代辦家事。予午後三時赴維持舊律從到會，以開會，今早因無常委則於不足法定人數亦延會午后出游無多不耐久坐五时往雛会至宣武门外新開之平民商場一遊出場由外四区長周思诚君为维持区内贫民生计起见於中秋節日開幕道西為平民娛樂場所此處乃饒京劇場賣藝雜耍蓆棚林立管弦盈耳者為天橋藝場道東則為售賣估物古玩字畫書籍木器各攤搭以蓆棚分類設攤秩序井然且所售各物均標明價免滿天要價就地還錢之爭亦可謂管理得法也余

到各攤巡視一周，因天色稍晚，不及細看，僅在
舊書攤購得許文肅公書札一冊、日記一冊，尚有
外集並尺牘兩冊，余因已有購，故僅買書札、日記
各一冊。白連紙鉛印，題簽書皮均完全新潔。只
黃犀一角。又購清河蔣升之階府著之甦緣日
記，木版竹紙一冊全（不分卷）。蔣君為清道光
年間人，所記大概皆白畫詩文評題記載
楔間之事，蓋絕文人結習耳。又購選注
六朝唐賦兩冊，不分卷，敘同治年間京師玉

並書巢馬氏開雕木版楷字書品甚壯觀粉紙精印僅費洋弍角五分事變以來居宅遷徙書籍字畫以及傢俱什物大都以極廉價售之打鼓擔市場地攤之物半為昔之打鼓擔之手故賣價亦極賤余維性喜搜羅故字殘編惜心情不佳手頭拮据不能儘量收買耳晚飯後翻閱所購名書十二時睡

九月廿四日 陰 舊曆八月二十日 星期五

陰晴不定十時赴維持會十一時至常委想辦

册共柒十二种等印散会惟本会经费预算内
去留残员分配以九月后夫马仍未确定白沙
亭油滑刘家分因会日常会决议法西渠站
规避该项但开会不久又负则会其畏首
畏尾更得患失之丑态暴露无遗以此种
人担任会内主席实不足以制众望无一可
能加以开会时间日顾问报告会务付保管者
恒已被日军攻下日兵营已表示庆祝当场
即有某常委提议由本会通告各分会庆祝

共他常委亦不敢出言異議，主席遂想一滑頭辦法，改用電話通知，以免形式上議。余心中百感交集，不能久耐，遂於四時許離會赴李宅。甫出門，即大雨一陣，見街上已有軍載重車絡繹飛馳，均插國旗，各商家住户均挂紅鐙，并於兩旁赶搭綵牌坊一座，大有普天同慶之慨。楚卿患痢疾已兩日，余為代向李宅索治痢丸藥數包，并送其西湖藕粉一盒，由其派役隨同到李府取回，并向楚卿通融五十元，八時半返寓。

九月二十五日 陰歷八月廿日 星期六

陰 昨夜大雨 今晨息止 氣候陡寒 午前未赴
会 下午三时赴会 时九常委均已離会 接刘宇
民函 因赴津請假一星期 如須代表出席 即
託余代表等語 去会办稿一件 四时许赴西單商
場对過理髮 六时畢 在書攤購貫華叢録
一冊即歸 晚飯後与宋地初寫信 託代向高澤
畬謀事 閱庸報及劉貫華叢録數頁 十一
时濯足 以后时就寢

九月二十六日　陰歷八月廿六　星期日

晴　十时起　午前甚凉　午时后天氣極晴暖　午飯前將致宋旭初先函又加删潤重繕一通　應附履歷片一紙　因久不作細楷　試書一紙　甚不合用　作罷　擬明日煩繼持合中書記代寫　以今日函件又分繕印發　三时出門　過宣武門平民市場　因今日星期　天氣又佳　故遊人甚多　余亦下車在各書攤一遊　購張文襄公奏摺四卷　計一册　復庵書札一册　不全　只卷四至卷六　計一册　壞

跋云全集凡二十四卷别析詩文書札單行者語意此卷一至三為詩文并注四至六為書札即所謂别析單行者頌後庵為無錫許[illegible]珏氏清同治光緒年間人（曾隨出使外洋）計部國參贊即不出仕詳細履歷待稽考此集為其猶子同葦所輯即同葦以賢書受知於南皮張相國且居張幕甚久以即[illegible]纂輯張南皮全集者也又將前日所見之許文肅公外集五卷附錄一卷計兩冊購回蓋前日以為早經收藏此及檢點存

書并此卷收入又續輯之拙外集一所收共爲賦、詩、序、記、贈序、壽序、贊、墓志銘、哀辭、祭文、附錄所收爲各國師船圖表序及雜說若干編許同華氏亦与參校之役四時至華聚園沐浴修脚捏足費時三小時二十分出西北風正勁頗有冷意赴李宅探楚卿痢病問已漸愈孔棟亦在座同晚飯九時歸時西單一帶商店均已上門息燈大街黑暗少行人涼風和面益覺凄涼急覓車奔馳而歸據聞保定并未陷落且日軍皆退去

璃琉河之說但西單上日曾經五所搭之慶賀綵
牌坊至晚依然電炬輝煌耳聞今日所購九套
十二時睡
九月二十七日　陰曆八月廿三日　星期一
晴甚寒換穿毛呢袷袍街頭負販甚多衔襟
褂初十时半赴維持会查会午飯下午办事至三四
件烦查記代寫履歷片一件附昨日与宋地初兄
書款之函於下午四时封發閱白话高云大興縣知
現任縣長李仲魯日前檢点集卷并敝乃經

各人切结证胡前知长征起未解回款，除拨抵地方

三万二千余元

款四千元，共存二万八千余元，已呈报北平地方维持会暨请余在知府帮胡君数月之久，只办笔墨，从不过问款项，且职责不属，亦无从知其数。截至事变，知府究存款若干，胡君未经明言，余亦不便询问。但侧闻胡君于事变以后曾邀宴卢知士绅于某饭庄，对于知府存款亦作正式讨论，并拟将存款移交士绅接收保管，彼时到场士绅为一致收此，仍请由胡知长自行保管。李仲鲁亦

为大兴绅士且被逐在座彼时既不接收今日又
呈进[redacted]已属不顾前文况自认为大兴县绅渔
为民士绅领袖恨绝与闻法而行以默不主张上述
大兴绅民油滑钱成性丝毫正义殊乃鄙也四点时
離会出川至宣武门东民市场一遊无所以六时半
返寓晚饭后休息十二时睡
九月廿八日 阴 八月廿四 星期二
晴九时起早点后懒于出门未赴会午饭后二
时许赴维持会玉则各常委均已離会外出

職員亦於二時後紛紛走去此会氣象日漸不佳
經此長久支持余亦於五時離会至騾馬市大街
訪陳香久於廣慶陳君業律師職務在維持
会因事月餘人尚直爽旋因在会無所事事已
請假不到会矣今日往訪壁酉晚飯飯後談晚落後
八時始歸

九月二十九日 陰曆八月廿五日 星期三

晴 十时半赴維持会 王視三已先到 閒談片刻 此
君儉佑較前更渾甚 語言無味而又好談 与白

浣亭維屏薦識但視三每次到会訪白々殊對々
落々且竟置々不顧而去余不能不委蛇余向來主
張人若不為友朋所重視窮深實簡出少與人
接而不投刺干謁遺人蔑視被且專會誑人對
視三娛為不處諸渠宴自知々能仍不免受人白
眼也今日開常委会給廉只讀古野義辭職
票竟延至下午二时始散东会之始改加约在
平名伶於十月二三兩夜演戲々院演戲兩
晚得頗加校隔實民之用言戲有楊小樓陸

惠

娟娟霸王別姬孟小冬去小雲部壽序女之法

内寺余數年來絕跡劇場現以時局滄桑

心緒惡劣更無興致徵歌但坐會幫忙月餘

所支車馬費亦未收到遂向會計處取二等座票

兩張（每張二元若散排每張票三元以散排一元）備將來車馬費扣抵并以

以一張送李楚卿也與白澄之晚談胡以後尹渠亦

改口啞之李仲魯之播説殊當但白君不能糾其謬

妄主持之論再要付半雖會送屬時已無雲擁雲

旋起大風而止晚日與讀本寫於昭埃胸中積憤甚

杳然未決十二時睡

九月三十日　陰歷八月廿六日　星期四

陰甚十一時狂風暴雨雷電交作維在暮秋者如伏夏天氣一時半始止三時又漸斂晴矣未赴會取楞嚴直指觀閱竟已經極在細讀詳參擬指〃閱十數頁午飯後又閱鶴林玉露數頁、三時心無煩悶急想法解除當即到後院將午前移至院中依著雨水之文竹菖蒲數盆復搬移室內且摘後院所種扁豆以備晚日餐并分少許送居滬

也一色春天所種秋分開紫花如藤蘿花状所結豆扁而長用醬油香油煮甚宜口新摘者尤味美

晚飯後取首楞嚴經正見與今早所閱之楞嚴直指對參互閱益覺佐經奥義深遠本日閱至一十五頁

十月一日　陰曆八月廿七　星期五

晴　十时餘到維持会閱昨日已將会内各要職去留人名規定並由總務處正式通知黄表計秘書處日文秘書一人中文秘書二人總務處幹事三人擬添

要幹三人，指導要幹另二人，宣傳要幹另二人，聯絡
員、宣額十人，除額內其外餘均改聘名譽。我改聘
者約一二十人，夫役亦加裁汰。會中經費自撥三千元
改變後早即應有裁汰之舉，所以遲遲至今者，亦要
領袖不能得眾人，尤以總務處人為額少，去留維難。加
以處長蕭代之席，白說話油滑特甚，屢遲不舉。加
不知何以昨日發憤如雄，其偉大勇氣竟實行。昨日
余未到會，今早到會見通知，始知之。余之叨（三十元）
承未免得以留我，但每月應支之車馬費不知何日

将然领到本会为已逾一月零十余日每日晤垫车
费工屡不赀有红纸长久支持擂胼络员报告长
章居天主堂李司铎李治镜救济灾民设立收容
所拯救妇人一万余人携出嘉会报告收日顾问提议
由本会送李司铎匾额一方并加题词白云章屠
余拟匾文及词于时散会赴李宅同陶六的陶镜
湖生口渥蒋苗君生会之组织楚乡仰特出六余寿
游出至西湖食素食炒麺一盘米饭一碗饭后归有
息拟复提李司铎题词云河北事变白鱼之画

月戰雲彌漫哉及全省而長辛店綰轂南
北平漢靈驛鋒鏑所生顛沛尤甚老弱攜
手溝壑婦孺流離失所幸得本鎮天主堂
李司鐸治鏡素具博愛熱誠慨發極謀
安頓收容婦女數達萬人本其悲天憫人之
心好行飢食寒衣之惠所設收容所周[illegible]設
備極周存活甚眾本會救濟有心博施無力
今見李司鐸實惠統治深合本會之主旨周
特褒揚以昭激勸予匾額題字所擬有嘉

惠災黎極宜郵惠博施濟衆仁民愛物

寬惠行治正誼明道（見漢書董仲舒傳夫仁人者正其誼不謀其利明其道不計其功）

尚義急困（見史記信陵傳以公子之高義為能急人之困）心存恤人（見賈誼新書）

存恤人救之意等文以備常委會選用 一時後睡

十月二日 陰歷八月廿 星期六

晴 十時往財會擬將今晚義務戲票掉換一張明晚票出會計室始知未售出之票已交新新戲院代售矣即與李楚卿商信（先收）經理將今晚之票送去一張

白說了王鶴年兩君向余言天津治安維持

与宋旭初寫信告以
劉以向高澤畬保薦
之事即請其秉相要之
先在陳米謀一差召時
付郵

合〻長高澤畬囑劉宇民兄保薦堪勝分部〻
長之經歷以便擧表津浦沿線分部〻長劉〻
昔以余名推薦并託王鶴年通年〻經先向
余徵求同意甚召樂為速与宇民去信余簽
於法時合林力交與雖勝宿加考慮罪時通盾
五時用飯七時至新〻戲院只楊小樓陸素娟
合演霸王別姬楊尚強人意久立身疲十一時
半散戲出院時正值過軍用載重汽車絡繹
不絕不下數十輛由東往西在西單牌樓轉向南

行似入宣内國会街想孫從东城（似由崇綫而歸）進城模樣雨
月未至晚不息在西厢今日夜歸較遲些份子
亥以第一次昭见不甚惱二十时车栈房略休息
飲茶進点心至二时矣

十月三日 陰歷八月廿九日 星期日

陰寒缘昨晚燥热今早三四时起風旋即息止
山十时起崔景雲来访告以渠所寄居之李
莊有孫電話已撤留一地名以備通讯十二时以
即去午飯以与劉宇民寫信四個共推薦舒

長事原函略云鶴年先生返津轉述尊指聆悉

一切澤老慎選堪勝民社之人承上處主以機者

推轂遲者知己感悚交并霖才疏肆應性又

迂謹時局非常難勝艱鉅誠恐仍有疏失

致累高明藻鑑用甚躊躇亦非却顧景況不

裕何容鳴高但在畀私意仍願托跡津會或

任職市府暫先橐筆以從韉循將來或

袋之用此節曾經友人宋君道地重以鼎言

當可實現未審尊意云何云云蓋此乃純出于

宇民自動余從未託人營求出路時向何必出仕
但宇民相知甚深相處甚切蓋只為余之[illegible]景
況著想未顧向及余之志願耶況那特別窘切
未便深拒善意只可婉謝遂意徐圖謝絕可也
又與柏甫姪寫信一件詢問家中找房之事已覓
無否又詢問由南閘搬出時書籍陳設品及傢俱
等件放何處運何人經手分存興隆澤行及五宅
其均係何物并將劉宇民之意告知給以泥陰氣勢
候又請涼坡來寓今晚義務戲亦未往聽 晚居

修來談九時半辭去濯足十二時睡

九月四日 陰 歷九月初一日 星期一

陰涼 十時往赴維持會十二時往南開常會時散 張希天午前來到代共分撥出件又加稿一件四時三刻離會步行出宣外華民市場在各古玩攤收舊書攤巡遊一周購袁氏藝文金石錄一冊潄西村舍刻本是書將由漢代至勝請吾宗一氏之撰述金石著之於編俾後世袁氏子孫以所考焉六時返寓

九月五日 陰曆九月初二日 星期二

晴 早風甚大 十时以後漸息 十时半赴維持会 由今日起改称（以院开会 午後二时三刻離会 步行至西单南第聚園沐浴 至該園门前見有日本軍人甚多 似有進該園沐浴情状 遂改改赴西四牌楼華賓園沐浴 浴客甚少 寥寥可数 該園为西城較大之澡塘 平时生意甚佳 堂客常满 今日市面蕭条 生意亦不免一落千丈 且自事变以来 平市各项生意皆蕭索不寄分文 又証

止澡塘業務已散，與兩弟歸。晚接柏甫妹十一月三日來信，言家中書在俞宅寄居，內人近因忙碌，不帮同王家一切之調理，並夜續了。九月初一日甚引，舉在王宅时务，又拟将来即移至王宅同居，以便照料。但閱渠所租之房甚少，亦不寡住耳。又言津中無河水大漲，楊柳青一带均已決口，津市能否幸免，尚不可知。值兵燹之後，再繼以水災，人民苦何以堪，聞之心殊焦慮。今日閱《庸報》，亦登載水患，堪虞矣。

十月六日 陰曆九月初三日 星期三

晴。十时半赴维持会，午后出稿两件，阅刘宇

民已返平，实斋往访，午后与兴隆洋行杨晋三

通电话，拟通融数十元，据云须候明后天再能取，

因想及瑞渠以来接律行还示不敢作主，邀与商

少渊写信，请他再通融百元，已应用，此数及当借

百元将来结为活动之款，拨还抑或如何，付张侯

余返律面商后再出。晚饭后读悦轩诗记并由

顺便访深宠见在安府上，实往上宫检书为要

归。晚饭后居信来谈，十二时睡。

十月七日 陰歷九月初四日 星期四

陰，早且有小雨數陣，九时一刻始起，午前未赴会所，接柏甫姑復函，仲魯替云，特一區房子甚不易找，王家一奶奶所賃之房（房間）既少且地點且僻，甚不合宜，与王宅同住，柏甫昔因西頭巷宅現騰出南房三間，与内人言，仍請内人同慧女回巷宅去住，宏兒存居京少洲宅，藉便上学校，昔語找房既感困难，以法權住一时亦無不可，余当寫信与内人，促其决定搬回，玉柏阁於余古人保蔭

出仕一節家中人皆似均同意但余覺不甚安
時自然驟經行段地方之層壘以寓劉宇民返平
已兩次去未能晤廿二時始出門參晤之日與高少洲
所寫通融百元之信至捨飯寺李宅向薛當子柜
皆借十元俟興隆號取到即還至維持會知合
室如已已於今早實行正將余之加工桌椅移設
委會主席白堅亭亦與大眾同室設桌加座但
秘書處尚未移來擬稿技件尚能會時陰雲
密布氣候潮濕且宜之步以出六部口始雇車返

二

寓近鼓口且虑现状艰窘以摘东补西过日子
加以津中眷口分散家居不宽战事何日收结帝
請個八荀迄次访安排但迄若虑心绪为之不佳
且未每日清晨醒来又不免烦闷萦于胸中矣

十月八日　阴　历九月初五日　星期五

阴晴不定　十时半赴维持会晤三先生与王鹤年
谈日军在华北北已无增兵西继盖因满洲吃紧须
分兵防满也　报载天津各河水涨已至最危险时
据南运河杨庄子一带已被淹甚烈大园堤甚险

將二區劃界因地清倒灌平地已見水本年此次兵

災甚重華界駐軍人民已感無處遷避之苦倘再

加以水災人民流離難民失所善處而摒棄紛亦難數

寓者亦不諳水深火熱之災難也聞之能無心悸乎

時雜念及房

十月九日　陰曆九月初六　星期六

陰雲終日十時起赴東赴維持會午時友梅來約

瘦梅同赴法源寺午後二時許出門原擬赴大紅羅

廠訪劉宇民旋又改變原議逕赴維持會加入

三时由主席召集各部委员开会谘询各部被
灾情形，至六时仍未散，费数小时光阴，[illegible]府状
报告，恐无集力救济，徒费精神也。张昌黎诗有
句云：可怜无益费精神，有如黄金掷虚牝。可悲
今日之维持会咏也。吾以为如因与同人商议，本会
近状，由本[illegible]除务员不出席常会之各委员外，
其余少数到会，此后只于十二时前后来会，每每到席
即去。余为其个人前途在外活动，仅一总务处之
长无代之席，由演高经由在会，每日晤，晨即到

至張灯以归去乃据衆人咨送而我獨勞矣然

經〻維他俱是無謂之至不但主席職權內之至

不敢每事請印迴避要分內之事亦不宜向優柔

寡斷畏首畏尾究不知所爲何事傳咨利國福

民之舉亦不枉費心精神豈但福實民向隅

重大非渠所能勝任即宜會議貴樓腹濡正老

兩個月義務之每月數十元車馬費亦[redacted]

擂[redacted]做置之不答致使怨聲載道嘖嘖

煩言似此形同木偶之主席多見其不知自量也

午飯後返寓晚略閱書報後休息

十月十日 陰歷九月初七日 星期日

晴 今日為國慶紀念 現在華北戰事未結 竟毫無慶祝舉動 街市無一家掛國旗 其昨日報載北平維持會議決放假 但截至昨日六時本會亦未接到正式通知 今日又逢星期例假 放假與否無從分辨 余早起後閱楞嚴經直指并與法經正見合參互證 閱六七頁 臨東坡西樓帖一頁 午飯後甚覺困頓 略臥息 三時許步行至宣武門平

民市場巡視在估衣攤上見有葉昌熾之稿緣督廬日記殘本只有四卷大約有缺四卷索價四角未得購到五時至捨飯寺李宅楚卿外出在宅守候時始歸晚在李宅用飯九時返家天氣燥熱似將降雨津沽水患正在喧嚷之際甚盼多晴少雨否則津沽不知多少水勢如何急急

十月十一日　陰歷九月初八日　星期一

陰雨夜起大風至日晨未息午前風更大街上塵

土厳出行人绝少，氣候亦寒，終日未出门。十时半
興隆洋行北平分行吕君来電話，請前往取款。余
答以下午前往。因午後余出门較未往取。午前默誦佛
號、觀音菩薩號各数百聲，又默誦大悲咒数遍。午
飯略卧息，畢时起，以修西樓帖中閱書。晚飯後接吾少
洲复函云，接北平行員来函报告，拟通融五十元，已於
六日函复北平行出款。对于余函所拟通融之一百元未言拨
不知何故。又少洲来函云，已嘱柏甫来函，只好稍候柏甫
函到再往取。

十月十二日 陰曆九月初九日 星期二

晴 早有風 十時餘赴維持會 到會後即聞本會已經北平地方維持會決定改組為行政委員會隸屬於北平維持會管理河北省四十餘縣行政事宜 同本會昨日紹劉宇民為維經江宇農對宇民甚表此項消息漏出對會內宣示頗昨日宇民為此事奔走甚忙 但據白澄言主席今日帶委員從言本會讀本頗向對此次改組事先既未與聞 似不免仍有不甚完全贊同之意 蓋此事發動於

北平特務機關長根本方面濱本與市平為一系，所以不善接頭也。今日常會所對常委較往日為多，對於本日結束問題討論甚久，聞將路組只留委員七人，已九日各委員去函者未定，又聞本會以本月底結束，請完所以會由十一月下成立，至各職員開具履歷一併務必請假甄用，茲赴興隆平要經呂君取得五十元。天津總行寄來清單一紙，內列津行支一百元，撥定由年終股息扣撥平行者支百元，是次又五十元，歸余加蓋印弟章，若與少洲出借百元，是次只列五十元，余既

股份且年终者有二三万元息红而会竟者意限制
少洲舅人小氣真令人憤憤余自事变后收入頓停
益形拮据舅公绝不顾此居通融也晚且需将来用
度不继焦焦不可言状写履歷稿一份准备明日常会
烦闷记缮清十二时睡

十月十三日　阴歷九月初十　星期三

阴十时许赴维持会出席今日常会选举委员十人
分委员缮履歷以备呈北京维持会自昨日都还
稿南京改北京改名北平由昨日还北平维持会议

決仍改於北京由十二月起實行 晚飯後與柏甫姪
寫覆信 贊成眷屬暫遲回西頭本宅住南屋另
附諭慧女一信 中午晚起服藥面一包 十時後睡
十月十四日 陰 曆九月十六 星期四
陰有風甚寒 十時後赴會 二時赴西四華賓園沐
浴理髮 午後并小雨 旋止 六時出園 時涼風刺面 晚
陳君久來談 談至十時 十時半睡 時已降雨
十月十五日 陰 曆九月十七 星期五
早陰雨 七時起 止 天氣甚寒 多穿棉衣全套呢

撿舊棉花十件給熱会，閩庸挈律行至河水抵為
經日內風雨交加，天晚又漲，午飯後與長子希天晚去会中
成績了。余代擬大綱共條，惟張任丙外漢，為書記又為
暴露，未曾指揮会，於六時即離会，步行至李宅還其帳
房十元。楚卿女來，勸其遷出，出至順治門成興順詢煤
價，砟子小塊每斤五元二角，紅煤只需廿許，每噸索
價廿元，新貨要待到西，好在北京冬季擇煤即可生
用，砟子亦不必專用紅煤，大約七罟附近房

十月十六日　陰曆九月十三日　星期六

晴天氣仍寒十时往到会办理结束事宜本
会不待月终即须撤消行政委员会组织大纲
及会议规则已经秘书处拟妥函由送北京维
持会查核滨本欲向建议举办急赈灾
屡晚会西北京口園董事会假借该会地址
於下星期四開籌備會旁晚離会返寓

十月十七日　陰曆九月十四日　星期日

晴天氣晴朗陽光充足為近數日來少有之良
景七午前崔景南来访擾談胡以皮確已

離平化裝動若西直門頭溝一帶赴保定
又謂關外向傳言日本在華北軍隊有在此
五六日全行撤退之謠天津英租界且有出售
日軍撤退獎券以賭日軍撤否官將獎券輸
贏並云北京亦或民券亦有出售者云云但無
目睹者其昨午往訪劉宇民於其私邸渠
對政組行政會之態度甚消極謙辭被任委
員希望對於直五縣方面專其保薦縣長
乃渠云如欲斡旋即可代寫介紹函余答以稍

缓再议。因无精神，不振，又将午睡，余不候久坐，
遂与汝分出，赴孟竹盦处谈，许久无来上
有款收刘石庵卷两件，纸本临三希堂魏帖
人书，行楷皆备，但不精。品亦以财穷氏贫大
高，不请出，此元代僎古以为极极廉，此卷亦不
知时务矣。赵书宅楚卿将起，为言郑州来
四行楷词极荒谬，原件未留，交阅，送还
然继来。又厝绝好晚饭，以九时仍归。
十月十六日　阴历九月十五日　星期一

晴，天气甚暖。十时赴会，因今日发九月份
车马费，除扣伙食及戏票四元外，仅领到十九
元八角。到会都将两月，只得区区报酬耳。午后与白
浣写谈，及本会改组设主席及各委员人选
问题。白云现时各方竞争甚烈，究竟属谁尚未
决定。渠意拟推朱深氏出任主席，渠尚可备
员一名。委员虽列人选，不孚物望，即不能参
加。四时离会，赴李宅稍坐，即出返寓。晚饭后信来
谈。九时去。与宋旭初写信，托其转致王荫

劉江宇老請頌附節略一紙 十二時始睡

十月十九日 陰歷九月十六日 星期二

晴暖 棉衣幾不能穿 紫設大爐 与柏甫寫信二封 囑大維向蒙少洲商洽挪股六百元 除扣還濬欠二百五十元外 下餘作爲本年終京津兩處用度 此信由前日即寫成 今日又加刪改 連同致宋旭初平津函寄英租界敬居 於下午三時付郵 下午赴維持會常委亡委一人去會 僅存亡廳殘員數人 此外來移交各事 聽高桐新議許久 閱報載北京地方維持會

布告北平改稱北京事 大文书乃論 原文錄出
著布告事壹北京自遼金元以迄明清歷代
建都號稱首善規模遠大制作堂皇為文
化薈萃之區實中外觀瞻所繫改稱北平以後
名義既殊地位遂降邦人君子非不力企繁榮
乃益日趨凋敝推原其故遷末無但甚莫利於
东南較曲世激忌其首之矩矱視同甌脫列未陪
都室器潛移觚稜空在比如干戈擾攘井里
流離百業蕭條兆民疾苦本會者心維韓

負責維持，庶免咸陽一炬之災。宜仿古宋西京
之例，爰採該方建議，恢復北京舊名。除將
本會原稱之北平市地方維持會改為北京地方
維持會並通令知照外，為此佈告，仰以機關團体
暨商民人等，公私文書凡用北平字樣者，務須一
律遵改，以齊觀聽而示莊嚴。樂土興歌，與同胞
以共勉；舊邦勿替，取百度之維新，宏我漢京矣。
該徽日會行照告，咸俾周知。此布云云。

[illegible]月二十日　陰歷九月廿七日　星期三

晴暖八时起十时赴会要于下午加六点开常会
十二时君日本新到北京之大将出迎过西兵
方衔一营军营晚时鼓绝至迪文会常委李
某间积成严厉急急而去身为维持会常委
举动如此张皇万遍也改组改之委员人选尚
未决定摆延数天换观察旧会常委號召希
望与绝廿卧三时离会至宣武门市场一游在
旧书摊上见有吾邑钜绾严范孙先生书近
作诗存稿一册严公道德事业俱足千秋

不以詩名，亦不藉詩傳也。惟讀之詩情真、理切，非琱章琢句、僅以詞藻見長者也。善夫王仁安先生序之詩稿之言曰：古之詩，情真、理真、事真，不牽強、不綴借、不模糊、不塗飾。此道余常贊地光明，精神爽朗。然造此境，又知新舊之殊與古今之變。蓋足嘗以今人古新作詩，莫只古之新作，此謂舊詩頗與數新作為同坡，仁安答之於上，印以序之詩，再又嗜晚明小品文，擬集選一冊，南瑤臺序出版，王阿編選，歸序己就矣，頻觉疲惫卧椅上翻阅严〻诗册吟咏不能释手晚饭后接慧安来信知已找妥第一区牛庄路积余里八号房与其舅母同居并言由津负家中用项除向兴隆洋行借支一百元外又向张宅宋妈借用百元并问以后如何办法我余近两月时〻以后京津两处费用应如何需前日与柏甫言之嘱其转向高少洲言洽此即为去函也

十月二十一日 阴历九月十八日 星期四

晴天气晴暖午饭后赴会间今日开常委会只

白沱亭魏子丹二人滨本须向直来依照到会接寅
滨本查某会内职员八月份车马费未发及会计
庶务账目未清颇示不满甚且发怒诘责八月份
职员概由义务加给原属说不下去会计庶务向来
由君不肯过问其钱既不过问亦不负责完全任用
滑头手段吾侪见解以为滨本须任（担）务要长及会代主
席会论以何项责概均有不能卸责地步不甚生问
（推）题则已倘若发生事故决不能因向未过问而能不
卸责任果然不出所料同本须向滨本理某已向

上头来踏指而不得，再滑之不能以自[illegible]缚绅衣
有声诘之常务无异见而屡陈乃部也，今由议乃录
者颐向滨本建议书请将八月份职员薪车马费矣
晚饭后与慧女写回信小字四行，花信笺大一纸并附邮
检南京寓红楼衣服单一纸，九时半写毕略休息
十二时后睡
十月廿二日 阴历九月十九日 星期五
晴 九时起 今日为观世音菩萨成道之日 茹素一
日 柏甫送来又素织锦褂三身 驼绒袍子一件 拟着

東其他遺失衣物及書籍均未及帶也詳談津変
以來家中流離播遷之事及津門被災情狀余
对於津里丢了路村概留吃午飯十九日雨甚日晚晴
共同禹少洲接洽頃之信已來據云廿午後二時赴
會王說三來人云讓許久頗出會與白讓商略後
行政委員會了據云現在各方競爭委員不來
決定大約總統下星期可決定本會結束雖
迟至月廿三日止但實際上總務處秘書處仍須
留人維持局面而同房屋須持續安之收束

夜读至九时半就去十二时睡

晚接王頫沈函知已在津英局任翻译员差　詞　想　斌

十月廿三日　阴历九月二十日　星期六

晴。九时起。午接宋旭初复函，备言此次予亦受损失。经济困窘，由英租界迁回城内老宅，继共左右邻皆驻兵，不（晚）颇宜也。至对于高泽畬处，似之无晋谒说话机会。此君有钱时，性情挥霍，且好与（赌）下台之辈官贵人豪赌，一夕之间输出万元之多吝色。及手头全空，伏处家门，昔日（辈）赌友，毋一过同风云际会，重登政治之舞台，虽欲一面而不可得。行年

五十以外且又屡经困厄而犹缘之习依然如故乃
哀也午饭后赴会参受经办簿册文件物移交接收
务处由秘书办文案交会即为结束最后一日但下午
一概移交秘书人员去领到会办公是日仍开常委员
讨论移交事又备文向北京维持会催借十月
份经费今日又补送十月份支付计算书文稿交付
维会晚与王颐忱写复函拟裁王荷卿终以此者
银行经理与慕豫写信一件嘱其代为洽接
慕豫六日来信之手函

十月廿四日 陰歷九月廿日 星期日

早陰午晚晴今日霜降节按节数日天氣稍寒午前精神想不佳早點後取嚴範孫先生詩册閱誦至午心胸既開朗午飯後将昨晚与慕韓所寫信重又更錄兩页近日所謀輒阻此番之函尤覺慕韓之無此口才而以令彼方動能令早尋思仍照派費筆墨擬不付郵飯後忽又想及姑再一試成否聽其自然而耳三時赴西四華賓園沐浴道中接王臨忱及慕韓兩函十時回來就寢

脚氣甚重，經此一治并捏脚，通身為之一爽。再加
整容之後，面色亦稍改觀。在書攤見鄉人趙幼梅
元禮神祜集一冊，以四十枚買之。近日屢逢鄉先輩
詩集，日前既遇嚴範孫先生詩稿，今日又得趙幼
梅先生詩集。嚴、趙均為天津城南詩社健將，
二公交誼亦極投分，於兩集中屢見唱酬之作。余
雖不解詩，近日每於擾攘中諷誦亦頗能略舒胸
中積抑。擾可令收裁行政委員會簡章已
經北京維持會決議，下部內容：委員七人，以

京会常委为主席委员分總務政務救濟三

組對于河北省維持會所以組織大綱條文概未

採用完全另以起草草案

十月廿五日　陰歷九月廿二日　星期一

晴十時半赴會合所到常委甚多原為商

討如何結束各移交事特於上星期六發柬約請到

会此惟日顧問不主張移交北京維持会須待政

委員成立直接移交政委員並主張照常办公

並以對于上星期六所發通知截至廿三日停止办

以一節又不免有所發見矣又聞政委員之委員
似可容納舊會常委數人但人選尚未定之氣象
亦精神佳會所加稿兩件大興宛平各縣維持會已
有據訓令各該縣對政府公文牘等北京維持會令各縣
維持會撤銷一切公務應歸知府主持大興知府
之黃村維持會宛平知府維持會繼之派員來會請示
不免又為一番紛擾四時許離會去至宣武門內拐進平
民市場在書攤購南強書局出版阮無名所編
之日記文學叢選語體卷一冊該局所出之文

言春日記文字叢書已於前年精印晚昭以閣日
記叢書選內陳衡哲之北戴河一週間鐘敬文之海
行日述梁繩士之倫敦初旅等篇

雪盦日記

数

廿六年十月廿六日起至十二月廿二日止

6

十月二十六日　陰歷九月廿三日　星期二

晴　八时醒　内急　腹痛甚　即起如厕　先瀉而後改稠　茶甫離厕内似急　复登厕始平　盖昨晚食水果較多也　身体稍觉疲憊　午飯後赴維持会　到会後开行政委员会　委员人選之内定本会方面为白浣亭　刘宇民　高艮山　齊燮揚四人　北京維持会方面为朱深　張連福　梁亞平三人　又决本会前常委李壮飛　楊秀貞为候補委员　至主席委员維未定　但以上委员中

資望而論當以朱深氏为首望耳。昨於三四
时從雄会返，廣經宣內大街见破攤上有花盆
數個，當即下車購白地青花長角花盆一個，價
六角。晚飯以閱日記文学叢選。

十月廿七日　陰　歷九月廿四日　星期三

晨陰，七时有雨，八时以（將昨日新購之花盆栽以文竹甚為美觀也）午时略晴，旋又沉陰。二时赴
会，日顾问依然到会，擬以呈文稿一件呈报北京
維持会，分三路放振物（[illegible]）（[illegible]）無路推常
委一人携帶戰員一人，偕白從亭送日本顾问濱本

一人字條一幅給家熙所畫白君又作題詩三首
畫於條幅畫緣上其詩云天地育人才使之挽氣
數先生好自為騰驤在此際東西兩大邦攜
手實先務行互重礪盟措置盤石固泰
標棟材勉學邯鄲步更願附驥尾同躡太
平路詩雖不甚工但立言尚得體極之恭維伯
函一類文字較著勝一籌再接慧女兒信言
興隆亦步洲現以行務不佳正自要弄愚性對于
余之所擬向其提出股本一部份及家中不能生財再

與之增不快之感所說古甚余亦擬從緩再議可矣
函序時在宣內書攤上購吳大澂所著說文古
籀補殘本一册只費銅元廿枚茲思全部以賤價
購得所缺購得者耳晚與崔景萬寫信向前交
圓石章一方未與仍存吾處已由紹府帶出以
便就今日所缺說文古籀補者訂篆文

十月廿八日　陰曆九月廿五日　星期四

晴午後赴會白浣亭交劉宇民所擬行政委
員會組織大綱節略擬囑余為之草擬條文

北京维持会已发表行政委员会组织简章并于本月廿四日正式登载，盖渠等未寓目，故所拟大纲本少接触，余研究结果惟有根据维持会发表之简章改拟，加以细则，大致总务组分机要、议事、文书、人事、会庶五股，政务组分民政、财政、教育、实业、视察五股，救济组分调查、赈务、公益三股，另组设监察委员会及金库。各组主任及监察会主任、金库主任均以委员兼任，得设副主任，委任各股设股长、股员、办事员，每

股并按四人論約須用職員七八十人雇員在外
界各出組織方案容納許多人員本会地址前為
河北監察使署所在各辦事處約二十餘間又
各項年鑑档冊書籍堆積一室數月來無人過
問劉家氏不知何以知之令派王元有整理閒
置之書冊將書屋移出架經此一番清理得免損
失其功甚偉並由以前絕不敢開去也懷晚
返寓晚飯後行政委員会擬各細則至十二時已
●脫稿即睡

十月廿九日 陰歷九月廿六日 星期五

陰晴有風甚寒。午後赴劉宇民宅，甫進大紅羅廠見劉宇民乘汽車出門，停車晤余，在大廣積候王鶴年已先至，談悉濱本願向吾訊，令劉之辭退委員事，始知行政委員缺已內定，但蔭暨諸人仍在努力運動也。少頃有一人賚一日本通聞人來，據談中日事件現已有人主張和停戰，其條件中國承認滿洲國，華北組織政權，與中央取不即不離態度，迫動上海戰爭中國方

面失利不如趁此議和云云　儔晚宇之歸只得以執
細則甚表贊同　少選白從高甯夔揚先後到
二場偕觀余於六時發送返房　途中寒氣逼
人　抵房後啜湯少許飯之　烘暖　晚執宇民政之繕
於會結束通過十二時者之脫稿　十時睡

十月卅日　陰曆九月廿七日　星期六

晴　六時起　近數日午前不赴會　加以坡於早点後
默念佛號數百聲　觀世音菩薩大悲咒凡五百
編已三日未聞　今始發願查未任職務以前所擬節

每早间视为宦课将来任职时亦拟每早抽暇
默诵大悲咒三五百遍观世音菩萨号三五百声
课毕将昨晚所拟通启稿略加润色并抄录
一份以备邮递字字核阅三时许赴维持会取
秘书刘某所拟未善之结束启事稿一阅未妥暨不足
观揆阅刘某者为大兴名士也者赴刘宇民
宅已出未归将稿留下亦归晚饭后寓言来
日记兹将通启稿录存
敬启者溯自华北事变发生尤以河北受祸

最鉅人民流離田廬蕩析凜然大難亂靡
有已爰本維桑梓之忱勉盡拯民水火
之義當經聯合各縣人士共組維持救濟會
議同人等既受各縣人民付託爰承會員委
員推戴忝任常委隕越時懼任事以來籌
謀救濟祛除疾苦有見即必行惟力是視
雖成效未為顯而義務已盡勉盡為民努
力何敢告勞茲者河北戰事日趨平靜地
方秩序逐漸恢復而行政委員會亦將組織

成立嗣向于地方行政及救济难民应由行
政委员会赓续办理同人等乃履行本会
成立时保民命者托义务终止之宣言即
将本会于十月三十一日宣告结束俾卸仔肩
而践息壤谨具笺启惟希亮察祗颂
台祺诸惟亮鉴云云

十月三十一日 阴历九月廿八日 星期日

晴十时刘宇民来电话约今晚在外交部街
蝙蝶林番菜馆吃饭并云昨日送去之函通启稿

已閲過并略有修改，晚間面交華語作净課

未畢。崔景岩来談，至下午時將去，向其索還

謝之圖石章，據云已在大興縣府遺失矣。午

飯後覺腹內不甚合適，稍息，於三時赴西四

華賓園沐浴，浴畢已六時，赴劉宇民之召宴，

同座有張玉衡、賀玉、王鶴年、石小川及顧君，席

約來之閩人葉甘棠，日本學過也，八時將入座，西菜

尚佳，除小吃外一湯兩菜一點心，共奶油氷淇淋及菜湯

者青島市內之青島咖啡風味店中，劉君及余

𡑞同则寄青岛，尤将今晚晤会，别有回忆之感。

九时许宴毕，乘电车至前门，改乘人力车返寓。时将及十钟，街上行人仍复不少，方店

二者未上门。北京市近日治安似颇紧，然步晚

饍後過碩穗令煮鸭梨一枚，乃经将睡。

十一月一日 阴历九月廿九日 星期一

晴。午后赴会，三时同人共摄一影。五时赴新陆春聚餐，备席三桌。饭后赴李宅与楚卿谈。九时归会。在会内借王禅録志人物選

華經紳士六冊歸閱竟志

十一月二日　陰曆九月三十日　星期二

晨陰午後晴　昨接慕韓復信索履歷　陳六吉來函託謀事　以上兩函昨晚未及閱　今午始拆閱　早課後趕起履歷稿　第與慕韓寫信　午後赴會　煩爰孔繕履歷僅一份　下午會中招待新聞界為宣傳書畫覽展　會人云乃五時返寓　牙床因昨晚飲白乾酒之故　略數杯甚痛　晚提前休息

十一月三日 陰曆九月初一日 星期三

晴。右上牙床皆腫，將義齒取下，飲食均感困難。午後腫痛尤甚，終日未出門，訪客皆麾去。晚購來美國製李施德霖藥水一瓶，加白水少許漱之，居然見效，至晚腫已見消。晚接宗地初來函，附高委員長條一紙，蓋譯以煩地初少稽查，請余刊治，當會或共不能一讀也，究為何了，地初亦無從而知。問余能否赴津一行，余當寫信答之。因現正從組小説會結集，至今日為明康十一时就寝。

十一月四日 阴历十月初二日 星期四

阴。晨起牙床肿已消，惟仍有一小泡，又用华硼漱之。至午饭时已全消，并继代上义齿矣。午后赴维持会。昨行政委员会委员已甚表为黎炳文白涤之方言良山宾蘐扬章瀛甫王坦朱西参七人。会后之在中南海开谈话会，因白亦已出城，未推主席，余则会以朱西参将余前所拟之办事细则取去，盖会日谈话会推朱起草办事细则也。

白口申長江章啓託人帶來致余收張劉謝見人函仍將西以匯涵次行五七日收紙匯京并將學費令日收將十月份經費領出明日兩藝也兩付赴李楚卿宅赠陶镜湖託其車夫明日代找陳鶴亭來房宗旭初先託向其索帽函煙壺也晚在李宅用飯八時歸

十一月廿四日　陰歷十月初六　星期五

陰有風十時往柏甫來出示慕韓來信意欲余留津小住俟王荷舫行後談也十二時陳鶴亭來

[illegible]向其代买帽花烟壹渠云二三日自行返津午后
赴会领十月份夫马费及补发八月份十四天夫马费
缴一年费到会稍坐与刘阜生谈许久即归出至武台
小市代友梅购化学印章并盒代篆字共四角约
明日往取又在书摊购国朝名人小简两册价五分
即返寓晚饭后代阜月波复刘龙犀一函阅书睡

十一月六日　阴历十月初四日　星期六

晴午后与慕韩写信内附慧女一信告渠其余拟
八九日赴津三时余付邮四时到会白浣亭已返京

到会僅匆匆数语未及详谈五时許返寓晚起草上白浣亭條陳至十二时写千餘字惟尚未殺青就寝

十一月七日 陰歷十月初五 星期日

晴早課後继續起草致白書已脱稿午後赴西單華聚園沐浴又赴華園理髮館剪髮七时歸晚飯後居停来谈九时起繕上白君書八行信箋每行二十一二字共九頁約一千六七百字至十二时繕訖此次就河北省地方維持聯合会改组行政委員会

舊委員內此次有四人當選為行政委員其餘三人
仍在北京維持會方面兩推余在河北省維持會服務
三月目睹該會一切雜亂無章毫無秩序常
務委員十四人多屬未厭人物而如為職員之屬人
品不齊擾攘紛亂三月之久怪現百出已屬見慣不
驚矣此次改組行政委員會似屬監督指導河北
四十餘縣地方行政若仍前雜亂實屬不成事體
因就以往三月之經驗關于用人行政應須改正始致
表白從事委員請其採納 原文如下

謹呈主席賜鑒敬陳者此次行政委員會成立各委員榮膺委員之選允孚衆望不務私事實為本省政治乃人慶也查本會為河北省數十縣行政鈞樞具有從前省政府之職責範圍雖小任務甚大惟事變以來河北省政府暨各縣政府一切章制檔案悉已遺失印信殘缺文獻既不足徵規模且須重立加以各縣兵燹之餘瘡痍滿目撫輯流亡籌度治理措置指導較諸往昔尤感困難甚

號旋令胥由此會委予組畫其職權之重
且鉅有非以前省府所能比擬者也所幸委
員洪君佐芝陸政治專家均極一時之選
將來崇論閎議碩畫藎籌必能見諸實
施裨益省政可操左券者也茲當開組織伊
始謹就管窺蠡之見聊陳所之呈左希
賜覽為幸
一此會成之使命既為綜核本省數十縣行政
之樞紐當此軍事乃甫定百端草創內部

組織雖不能麗然擴大，但亦未可因陋就簡。
一省要政，民財建教四大端，現時雖然未必
均屬需要，而擇其要設最切時務者，亦當較
事查原日布之簡章，只設三組，似嫌不足包
括一切，救偏補遺，惟在辦理細則內，稍予補救。
。。前秉承劉宇民委員意旨，擬辦理細則
除總務、政務、救濟三組外，別訂監察委員
會及金庫兩附屬機關，在字字既別有用意
在事實上不容納未盡事務，至分股或分課

尤為事理所必需組織所在有盡所管職務
數則既多而各務人員才能有限長於其財政
者未必優於吏治優於奔走肆應者不可使
之伏案治牘務使責有專屬斯不至事無專歸
一組之內並依職權不分混合雜糅益苦漫無
程序是以各於精責即於每組之管職務
只據事務性質劃分不能就人的方面想
宜從依推薦總務組之委員起草即將一
切職權强行規定於總務組之內提會討論

縱有不以為然之委員暗示反對終因碍於
情面不加力爭比經公布惟有均不與辛[illegible]
政治法紀等於廢文此會外象河北省維持
會可比一切事則究以妥訂於先以免弁髦於
後為可貴也
一、此次委員議以信望並隆政治專家均極一
時之選將來對於施政大綱碩畫藎籌
崇論閎議必能見諸實行裨益治理然委員
職責不過綜持治要提挈綱領而已至於掌

總會相佐分理實為分組職員是賴維持分會原有分員濟濟多才固然不乏賢能之選且義務從公已達三月亦不無微勞足錄酬庸錄用又屬經兄批宣示及通告惟總會主管行政事務與從前維持會專辦救濟之業性迥乎不同將來選用舊員似於不使向隅之中仍原為事擇人之意蓋總會上受北京維持會管轄下為分縣政府表率且有日本顧問從旁監督用人稍有冗濫上既難以

主管機關嘉許下且不足爲真實名材具驗
況人雖已屢行設效率無以表現尤屬外人
輕視之漸亟爲吾國用人積習只憑情面括相沿
引之陋習至是方不能剷除淨盡惡意此次
爲組選用職員自以維持令舊人有優先之
權爲原則但爲人事相需用得所長起見擬將
稽核職員履歷提會審查擬照各人以維經
歷致委書所經驗之職務考語各人資格深淺
分配職位等級之高低所有去留定級一概付

之審核方決以免有力奔競者濫居高位或淡泊恬退者
屈為下僚尤可杜絕人情爭執難決之弊倘選退秉公
倖門壅塞亦可間執讒慝之口再成立伊始對於求才
進謀支絀為據而不免務請慎重甄表寧缺勿濫
將來經費不敷裁汰維艱此為吾人之苦經之困
苦痛定且痛諒在洞察之中毋庸吾再為冗瀆
也矣　一、議會既為立法之制一切要案取決議席議場
秩序似應注意以免議之盈庭聚訟不得畢其詞縱有灼見
讜言無由貢獻若議席記錄人員尤感無所下筆之苦矣
應訂議事章程明白規定應守秩序以保會席莊嚴吾公議
增當官自無者無許也

十一月八日　陰曆十月初六日　星期一

晴。無風。主合早課。以封藝昕、曉庵繕改白長函。午後赴維持會開行政委員會，推定朱西參為主席。委員出示查司法界任庭長，現執律師，職務於行政方面殊無經驗，此會前途成績可以知矣。擬向當面當日本，但絕不能操一句日語自命認。派我以此種關係當選缺開秘書總務兩處，今日先全部遷往該會，明日即可開始。如余向自不聲請，明日赴津，謁高五爺，據白梡兩緩一日往津以備

以上兩處節李劉卑無言論悱厚可張厚勝要王君一段之見藉借
土壤田流上業李拟西陈如以此安保會其自由抗张景惠有誣言

明早先開川政委員会一去王鶴年寧夔揚亦以此
為言遂允渠遂去陳一言亦附適屬

十二月九日 陰歷十月初七日 星期二

晴十时赴中南海西四所行政委員会新会址到会
後見各委員已到不久即開会閱討論如下細則未決
起草之細則完全書叙日頗向意宜規模甚小分
組亦不分股已將全蕃所擬之機宏局面不用賠朱
西蒼王之帝委員面政慰洵之意并言之闔白三哥云闔
下指圓律諸綺不必去多之鄰忙其語余答以律

中者事去，三二日即回。午四时赴李宅午饭，二时又谈，四时始归。回会小坐即出。终日无事可办。临出时又向甘垂申回津之请，谍慢应之。晚饭后复陈立吾一函，又为罗赵接洽民食事，与刘宇民商定报告。十二时睡。今日升火炉。

十二月十日　阴历十月初八　星期三

晴。八时起。十时打电话，知刘宇民已返平，即走访之，据告赵罗事，又谈余出处进退事甚久。刘公劝余如无他就，亦不妨与委蛇。余拟脱离白府

欽之組因為民曠糊塗無知人之明亡無用人之
道此其受辛苦幫帖渠一概不懂也寧之意擬於
余調回頭搞組閣寬變揚直經之任也左副官用
午飯字託交賠送張月笙冊頁一件為王覺斯刂
書詩二首一時許赴李宅與楚卿詳談余內子甚
憤慨其時返家比歸知川談會今早來電話約
會邀往會一席向朱均義挽留意朱尤毅之深
遠歸余向其聲明去津三天即回也六時半返寓
晚飯後晤蠡歸裝就寢

十二月十一日　阴历十月初九日　星期四

晴。八时起，用早点，九时偕克先赴柏甫处，渠送余到车站。购票后，须鱼贯入站台，余只带小提皮箱一只、羊肉一包、小白梨一蒲包。登车后，三等车几无插足地，后乃逾入二等车觅坐补票（三等票一元一角，补票加一倍）。十时三十分开车，逢站必停，但只数分，沿路亦无车候错误，按准刻于下午二时五分到津东站。此为余自事变后第一次回津也。三时往找津新寓，特一区牛庄路积德里八号小楼一层，仅二间，空气佳

房厨房澡房马桶间均备齐 不与王宅十一奶奶同住
去五毂用稍用午饭 慕维来接谈 渠代述行之者
银行工想少希望 盖渠小组为生存之人也 六时赴
鼓楼东宋旭初宅 晚饭 畅谈近数月经过及旧五
爷返读至即在其宅下榻 十二时寝

十一月十二日 阴历十月初十日 星期五

晴 九时起 早点与旭初谈 午饭后同赴南市玉清
池沐浴 六时同赴河北宙纬路高泽畬委员长
公馆 稍候 高亦出见 详细报告行政委员会事及

久无经歷，對於退余来谈原因亦无深切表示。

惟最后言：现在既然在行政委员会中，已暂时去作

将来勤奴如有机会再打电话或嘱地和转达此

话。余遂偕地和嬰洛而退。惟据闻高在维持会

绝少权力，亦少发言，仍应为方顾轧，甚无聊耳。

又据地和言：此次高委员长傅之余之原因，实为

前试日有秘书长缺出，拟以相委，但因余迟延为此

归，则恐已不能久待，另以委人矣。地和对于余去经

秘长甚愿惠之。余实毫无此意。廿七时同地和赴

日本租界地御鸿宾楼候饭，饭后又至治义楼一叙，十时余兄弟出返寓。

十一月十三日　阴历十月十一日　星期六

晴。九时起，早点后与内人谈家务，一小时出门至广宅左近步行一周而归。在家午饭，饭后携刘二至兴隆洋行取书籍衣服，费时三小时始找之，书仍未觅齐，盖迁往租界时，书籍装箱概无记号，欲找一书必须将七八只书箱均须开启，计取出辞源三册、辞海一册、资治通鉴八九册、张文襄公政书五册、佛学辞典

一部各項抄本多冊佛經數種兩包衣服類一匣出
皮大氅一件灰鼠皮袄一件回絲棉袍一件絨褲褂二
羊毛襪數雙兩包取畢令劉二送宓家余訪袁少洲
一談出已六時赴張月笙總長公館法租界三十二號路十九號以許
投刺以袁蕃延見略敘積闊寒暄蓋自民十五年
在開封送別後忽忽已十餘年矣遂將劉宇民託
帶贈送之王孟津兩套冊頁一件呈交蔣委座轉
託宇民為其大公子智庵謀一縣長智庵已赴宋旭
軒宅晚飯暮赴宋宅素見晚飯後談十時返寓

整理行装即睡

十一月十四日 阴历十月十二日 星期日

晴 自回津后改换饮料特别一区所饮为海河水所重味咸与城厢一带所饮之南运河水不同与北京之水亦异故昨晚即感觉腹涨今早时腹泄闻午前九点廿分有车赴北京遂于敬修离家赴东站购到二等站比及至站据知十时四十五分有由津开京客车一列在站稍候十时许购票登车车不甚拥挤准时开车逢站必停但无甚耽搁惟在永定门站停

时稍久，蓋在該站有檢察日兵憲兵及中國警察上車抽查旅客行李，余所帶小手提皮提箱一隻及衣包一件，幸免檢驗。到蘇州站已下午二時，有省長雇車返寓休息。晚與劉守民通電話，渠正因行政委員會朱白水委對於所慕之人概未允用，大發牢騷，向於余之進退請自作主張，亦不過問。余聆其言，頗現負氣之概，告其明日往其宅第再談可也。晚對於行政委員會去就問題甚加躊躇，又因連日疲倦，提前就寢。

十一月十五日 陰歷十月十三日 星期一

陰早点後於十时赴大紅羅厰劉宇民之館談及行政委員会乃仍牢騷對时局擾談上海戰乃中國失敗者和意并因華北在中央諒解之下有組織政权之传說如果實現張岳軍羣有北来說余向其商對行政委会並近问题宇之答然者好事即可不必参加否則大可与之委蛇不为現时计亦應为将来計也玉若拟調整路務組以便脫離總務組之羈絆無幸一节宇談已向寗覃揚談及寗甚歡迎樵然白滄

言要共担责任之人而不悦，故未决，遂在刘宅午
晚饭。二时王鹤年来，对余乃颇代向宾谈，据王谈
因不崇清息，华北自治政府在当月内不以实现，
曹仲珊琨若大迴，绕有领袖资格，张谓彭古迴理
谈。三时偕同王鹤年至中央公园去画展览会一游，
只在水榭旧画画部巡视一周，匆匆未及详加品题
而出。又同至王宅中街新迁处而返，留晚饭并绍陈
香九来谈，余为香九画策进行政会了，此余果调
赣务组不将香九拉进为余帮忙，此廿鹤年亦甚赞成

王陆玉戚已苦无机而令李九加入也 晚饭以朱西
答白说与陆玉余趁此时机向渠告销假并报
告津方政情请息谈至十时余兄无辞而归 白坚
约明日例会办公

十一月十六日 阴历十月十四日 星期二

晴阴 九时许例会 仍在总务组办公 政务治安两
组均已组织就绪组内秩序井井有条惟总务
组依然一团糟至今并一办公室亦未布置就绪庶
务与总务挤在一室之中又加速记多人

亡雜在一處喧闐雜沓者為華俗區肆組織經

易從一隅亦無正式办公之桌白浣亭原為鄉董而

又兼行政官佐統對於機關組織之事程序一概

不甚了了故事既拆既未毫無手續維持向建

議此類如此真不堪就業也今日交办派人往逐

知區鄉房山办事室合結據請民會之函並

因余為議籌款而特交办也五分鍵犯都會

十一月十七日　陰歷十月十五日　星期三

陰九時往到會午與委員同席吃飯一餐每月伙食

八元 菜并不佳 下午四时小雨淋淋 五时后始出会中
南海内无人力车 乃雇于小雨濛濛中步行至新華门
外至大栅栏始觅得车 晚与陈六吉補写复函一件
又与刘子明写信一件託镇门了

十一月十八日 阴历十月十六日 星期四
阴雨 八时赴会 雇江三车言每日接送各一次到会后
整理卷宗 规定簿册 五时往西房 晚休息

十一月十九日 阴历十月十七日 星期五
阴 九时半赴会 天氣甚寒 途上積雨已结冰矣

派黄东铸赵雲甫赴徐水定兴涞水安新满城
等县调查运销合作事务稿又略阅定县经济之文
件续写事务所报告晚饭后补写日记检查经
济来信发宋旭初一函让调查徐水等县情形
并让进行王集镇之事

十一月二十日 阴历十月十七日 星期六

晴阴不定有风气候甚寒为入冬第一次之严冷
上九时往列会工事甚忙五时往听会晚饭后访
王鹤年 上午电话约定于廿四因风大又严寒作罢

帐丞课遇市大街陈君九一谈为世策画进行政委
员会子十时归

十一月二十一日 阴历十月十九日 星期日

晴早有风益寒十时起早点后赴中街甲廿五号
王鹤年学校访者调解政务组之十二时半返学
午饭二时赴全会后继续作后切办公至五时许返
学晚食火锅入冬第一次写家信一件提出问
会任事及要衣服书籍 晚风声怒吼不已
十一时半就寝

十一月二十二日　陰曆十月廿日　星期日

晴。九時半赴會。午後陳香九來電話，言已往白廟報謁，並託拿代安置機詮項。代白之經起草對于召集新任部長訓話演講稿，撰兩府內賠稿。京漢路各局所缺食鹽缺乏，特務機關私攜車運輸一案，屢次擬議加價法，迄未決定。今日有京引李漢、漢口來會報告各項無甚大概，增之領引等鹽，仍以由會電達津、蘆綱口所轉知各商，封運鹽斤銷為宜。閱演章頗因已采納白印之擬電稿

道判但至五时散会電稿既未核定且又有推翻
原議之意所謂議而不行者也五时始離会返寓
晚装訂由十月一日至十一月十九日實報一冊該報自正
發时因紙張價昂即改出八開紙小報由本月二十日起
又恢復從前四開原型 十二时睡
十一月二十三日 陰曆十月二十一日 星期二
晴 今日小雪 九时半赴会 由今日下午二时召集新委清苑
定與涿縣高陽徐水新城完縣容城望都滿城
十縣縣長及所屬共計九縣原經縣長至北京維持

会頤年堂開会到有江主席及行政委員会全体委員並特務機関長、京会行政委員会顧問特務機関新派為翻之連絡員同本人。二时開会，四时散会。行政委員会主席及查組之白寧京為委員，江委長、特機長、為日顧問均有演説，朱主席派余及唐君担任記録，由江委員長當場親贈為部長任命状，甚隆重也。五时半散会。晚在二屋食涮羊肉片，至廣安大街戴南羊肉鋪所買之羊肉片，肉美片薄，不亞於各大飯館，一兩價比價每斤四角。

四分耳 晚阅报 濯足 十二时就寝

十一月二十四 阴历十月二十二日 星期三

晴 八时半起 九时半赴会 到会即忙至十二时既始毕 会日召集各县维持会主席及旅京士绅开会介绍新任县长 余因由津返京一星期余未沐浴 午后请假三小时 赴西四华宾园洗澡 五时半浴毕 赴拾饭寺李宅慰问楚卿 盖因日来报载楚卿原籍河南周家口镇被飞机炸毁 情形也 于学谦 孔楝丞 袁健侯均在座 在该宅晚饭 谈

至九时许出返寓休息閲報書十二时睡

十一月二十五 陰曆十月二十三日 星期四

晴八时许起九时半赴会午后又召集新委九位長到会審核政府秘書科長李会又加入日顧问一人名粟屋昨日已到会宮長欲向不能華語多書又增派異共人性情暴戾向說字尤嫌之異常可笑也五时归續開常会二时散后去赴友人晚劇約十二时休息

十一月二十六日 陰曆十月二十四日 星期五

晴八时起九时一刻赴会到後即忙说一陣今日向彼時財政監理要領計十四條●一個月行政费四萬弍千四百元五时半將離会之際白滂高又持余去唤回研究不趕把昨早分發各部長行政费版子續了惟究竟兩應警出場保衛部每部應警八名干仙由部開與特務機關知室白與朱主席增不得知遲至六时後收離会已飢腸大鳴矣晚飯後閱報

十一月廿七日 陰曆十月廿五日 星期六

晴七时半起八时三刻赴会到後即忙於預備發表

知行政费、缴、议费廿午前书八钟午后四书一钟出
者数钟未甚六时纔离会返寓晚阅报

十一月廿八日　阴历十月廿六日　星期日

晴八时半起九时赴会今日维星期日仍照常到
会办公也昨日接通知今日十时开但因日李延向
午前未到会始又延会三时离会赴东安市场一游
事变以来第一次至市场也携去郭仰宗宅访
晤谈一刻钟承赠年前托刻石章一对郭君
篆刻虽未至精妙但挥易不为人弃刀法两石印

由去年託京代刻又經屢次催促始終乃到亦難已刻六時三刻赴擷英番菜館之宴蓋今晚行政委員會主席及各委員歡宴新舊任部長及日本連絡員憲兵隊長席間米西參之主席致詞由秦教民部長翻譯蘇平部長四十李舞東雷部長答詞並自作翻譯賓主聯歡至八時餘始盡歡而散即返寓十二時睡

十一月二十九日 陰 陰曆十月廿七日 星期一

晴九時半赴會仍終日流作一圓總務組之經白

院亭對於處理公務核閱文件既無條理復又門
外漢抓着拉庸人自擾對於職份內之事尚且不
能自了仍好管他組之事不知是何用意而於處理
文件亦缺余屢次建議辦法無如腦筋太壞朝允
出辦夕又忘却昨日所作依然亂作一團矣實屬無法知
隸且對於工事輕重倒置認識不清楚前北京
維持會頒到本會印信一顆文曰地方行政委員會
鈐記余以為本會為統轄所屬機關對外須發令且
是印而上級機關反為鈐記事關體制殊不可忽視者

向白君建议申请北京维持会改刊殊不料白君频来
重视因绪三四日之久始勉强与朱主席言明朱亦
主将新刊用字再撰签盖朱白两君根本印不
明瞭即取回防钤记之本分别耳尤为果此尚余
请依赴会之时由朱主席亲信刘某办稿呈请京
会即呈请刊盖钤记总务主任核稿汪未君
昨主席且亦章年编签行发右此实话此会之无
行政经验之人推此可见下班后赴李宅晚饭后拟赴
刘宇民宅一谈因在李宅与孙剑泉谈甚久未果

继九时返府 十二时休息
十二月三十日 阴历十月廿八日 星期二
晴 九时仍赴会 总务组依然[illegible]研究组昨日拟启用
新铨记至今尚无负责、监印人员，至管卷校对
及缮校室负责领导画记亦均未指定专人，总务
主任经白说据说距离远，未顾虑及此，根本亦不
知总务组内需要以上专人，而以迄成立将及一月无
部分专责人员亦未规定，对于处理日行公事近无
程序，每日除开会说话外，即被不闻者要求家

邕園白君本由議員改官，一流人物，又為本地方上
人，來訪者既多且濫，若客出見之，必常談，且亦不待
號房通知，來客逕入無人客所，以加之客室為
私人客室，客常閒談，動費時間，一切應看之了
待者之之。務殊無機會處理。余鑒於本組監印
管卷檔對於吳不宜再無正式負責之外，今日
加一签呈以備處。白君注意，但竟無時間面處。至
五時將下班時，尚有賓客數人待至七時三刻
始能會通處少頃，柏有來送處廿元，今午同共

電話暫借共留柏甫晚飯食拾錦火鍋八時終始去余今日實甚疲憊精神不振懶於閱書執筆十一時就寢 今晚接宏兒來書王顯忱來函各一件

十二月一日 陰曆十月廿九日 星期三

陰九時半赴會甫出門登車正值大雪紛飛頃刻滿地素縞必有一場瑞雪降下不意行至宣武門時天上澂霽日光雪已停止于十一時忽起狂風已枯樹葉經此大風紛紛而下風勢強日未息寒

晚氣候特寒。昨日所寫答詰培派之部分，只責

其人答條，今日始由居甫列出之，寫之時即函至請

其核奪。渠知去，重視如夢初醒，正擬抗筆下條子。

朱之屏、繼來交兑，旋將白拉到別室秘議，遂又

擱置。午後在新秋津收局長白雲峯任命狀，乃

至京會秘書室接洽女，旋依懇蔡將白局長任狀

於本人甚下。蓋白與宜三言，離京赴任之白名徒勃

自稱津人，來認同鄉，並言隨時約此君在天津

揭發林任警察廳長以時，尤秘長多年有瑋覽

回小白楼，下晨居廿五时一刻離会，时北风仍大，腰腿均觉微微痛，经休息多时始愈。

十二月二日 陰歷十月三十日 星期四

晴。九时半赴会。天氣嚴寒。五时始散，值返家。晚与宏兒寫回信，下学期仍令继续在耀華借读，並附复耀華学校一函。

十二月三日 陰歷十一月初一日 星期五

晴仍寒。九时始赴会。午後大興縣長李仲魯到会閒谈多时。喬仲維到会相訪，十五年前

鹽務署蘆鹽同事也，當偕臺指斥來，因思索久
之，不識此人，此夜接晤，睹貌無憶，其人為蘆鹽友，蓋
民十一年由鹽委分袂以從未謀面一次也。喬君與
劉宇民等為佛道友，二來謀予共身年半退位。
赴李慧卿宅，時涼風刺面，氣候嚴寒，在李
宅晚飯，孫劍泉來就談，伍少莊亦來，九時後
歸，擬訪王鶴年，電詢將要出門而止，十一時半
寢。

十二月四日 陰曆十一月初六日 星期六

晴仍寒九时半赴会闻良乡县长连仲三陛

到会言昨日琉璃河车站铁路被匪掘毁一段

故京汉路发生障碍又言房山县城昨被红军

攻陷进城匪军者四五百人该县县长之日本顾

问桥本于城破前三时逃出惟县长行踪

不明该县县长项镇安本县人前数日来京领

行政费及印信甫返县不久也五时往出会返寓

饭后往访王鹤年至吴宅知君家未入晤谈而

返遂赴陈香九宅谈至十时归

十二月五日 陰曆十一月初三日 星期日

晴 九时半赴早點 改十一时半赴王鶴年中街甲廿五號寓所訪談 託其從中向白說爲疏解之事 談至十二时三刻辭歸 午飯 兩时出門赴大紅羅廠劉宅訪宇民 絕口未談行政委員會事只話 談佛法各宗教理 四时辭出赴華賓園沐浴理髮 七时畢 即返寓稍息 進晚餐 近三星期中只今日實行休息未到會 其餘兩星期均到會 照常上班工作也

十二月六日 陰曆十一月初四日 星期一

晴 九时半到会 会中当局如朱主席白主任对於行政经验毫无 笑话百出 今日午前朱君忽到渔务组询问派某视察员赴大兴良乡去好调查案件之事是否办出 星期六即交办 计日今日已三日 调查完毕回京报告矣 主任白君闻命之下惶急万分 经一阵乱抓 将原稿在自己乱纸堆中找出 不待核阅即愴惶交朱 判结馀记查遗缮速甚 原稿应否核改 主任亦不暇细阅也

此事未之責備遲悞，白之戰鬭並稿始屬外行之至。蓋可稱此件為星期六下午五時半散會之後，與其時已逾下班時間，雖已發交主辦之人，但未批論速办字樣，主辦人當然擱置，翌日為星期例假，照章不到班，稿乃今早主稿人將稿擬畢，已逕送主任核閱，即不為遲誤。乃至莫報未之所說，除外星期六須夜趕辦，星期日照常繕校即發，縱然如此，至速亦須星期日下午始能發出。大意良云勞苦野雄直讀祝學員繼返乘坐飛機，今日亦不能返京，以到會復命也以雙之主席說矣、外門外漢語己席無去文常識之言且白之，任受責之下不加一句辯白，方露手忙腳亂之醜態，亦似乎不多續吹氣之功，可以猶畢其也。此兩位評議首領居然有此奇談奇可真令人啼哭之笑不能此矣。午後加緒之件予付過相散會。白君玉調查員楚某黃某報告匯情表報說忙一書此經與治安組擬論議（報知）組早已甫完下班時間，以後續從他人忙說一陣，冤枉之玉白君玉今日仍認不清何者應歸何組之加往之特本組

戕赔内之又置之不加更将他组之又揄在己手代

人处理多时比经向其告他再将他组之又移送台

瞎糊涂乃谓绝顶绝沉恍不见成绩而必将大好

光阴虚掷此其所以戕权之中矣似此领袖其何

能帮忙阅全人而知其何以处六时间退值白君例

亦未之定案上堆书资纸堆积如山者不知其何

时矣以邮会之延后回思一日经过懊恼非绝以为非生

计所阅实者不过一日居然据实儿来学继众学校

所阅下手者上学了已在是时今日事之家所无知矣

十二月七日 陰歷十一月初五日 星期二

晴。九时半赴会，十时以四时通過常会，散会以又召集各組職員開会，討論收撫各縣土匪、收買槍枝及救濟難等項。晚項又晚討論田賦征收稅雲等至六时始散。散会以赴拾級寺李宅晚飯，二时晚讀報，返房十二时休息。

十二月八日 陰歷十一月初六日 星期三

晴。十时始赴会，本朱主席手條派各組代理主務六人，每組二人：總務組劉卓然与余，政務組

为孙挚甫郎依山保安组为钱伯年赵志强言
除钱君经历无从得知外其余人资格阅历才
力均为相称惟余滥竽其中深以不能胜任为虑尤
其在白沙亭主任之下其平素为人太无条理行政
经验毫无有恐难以表现成绩且虑不据规定
职权无从尝帮助已来询与朱白娘言之
幸白之昏愦渎　朱亦深知不然实不敢担任也
五时归散值返房晚膳后来读至九时半将去洗
足后即就寝

十二月五日 陰歷十一月初七日 星期四

晴 昨日主席下條由今日起每日早九时到班签到十时将签到簿呈阅 故今日赶於九时前赴会到会时為九时一刻矣 今日收文较多 应提会者逐條签拟办法批示 下午时劉卓然拟總務組之辦事職權及課与余分管之 職務签呈一件 来徵同意 嘱余到衙門與白君午後通常会後又召集各科人民会 至五時半始散 散会後候白君將提会九件批後全將條建派管卷人員签呈一件面交 又將劉卓然与余会

签而至渠均言皆但不知何人能够实行耳六时往
退值全会委员职员已无一人矣晚阅报南京附近
已甚生战西以蒋者出走者亦多转赴汉口之说北方新政
权近日呼声甚高有云冯焕章者来京主持说
十一时就寝

十二月十日 陰曆十一月初八日 星期五

晴八时三刻赴会十时参加赋税委员会少顷退席
批签三本判文两件 因南京於日可下目破向嘱办
慶祝標語傳單数十万份悉出人民团体名義白

君本好为此无聊事，此次更常奉命惟谨，将正当之事付之高阁，散会后又兼来指导各种庆祝计画，徽向某方预备数影之作宣传，庆祝费白白手忙脚乱派兵遣将大乱一场矣。忠于共产党之渠既不能，余与闻，余亦正不欲与闻耳。委员有七人之多，何必他委不办而自行帮办此事哉，此时若能会自行斟办庆祝之会，新政权决于明年新正出现，北京维持会有办理结束之说

十二月十一日　阴历十一月初九日　星期六

晴　十时赴会，今日到文不多，亦无专门委员会。惟白坊仍忙于庆祝，乃今日各报均大字标题登载南京陷落新闻，华北均显列首页。据上海十日同盟社电，南京陷落为十日午后一时总攻，夕刻占领各城门云云。北京各机关日顾问指挥之下，均忙于筹备游行大庆祝，闻明日各学校亦出游行，白天兴高采烈，全力惟诚惟恐办理失当，一切应如之乃及置之度外。旁晚勉强代拟代电稿，通令各县与驻军室[illegible]

班高諭翁再同申慶祝之乃並派員赴各處
並慰勞民眾食品糖及慶祝費若干語由之手
稿余未代增識一字向特務機關對于此事擬稿兩
篇交出前時特務會田隱易以總務組主稿權限
備呈口交差善後局經余代劉卓然備呈兩次
始自不能再墜晚間已與朱高談矣安返房
晚飯後擬權限單只查一頁十一時半寢

十二月十二日　陰歷十一月初十日　星期日

晴八點時半起昨日通知今日仍照常上班並為替

日來頗問辦慶祝也但到會後即聞昨晚特務機關
通知勿以今日對於南京陷落不准刊登新聞慶
祝以二從緩舉行又聞南京進城日軍曾中伏受大
損失之說仍在激戰中故慶祝籌備頓形停止云
在會午飯後白君約赴中央公園參觀今日舉行之
書畫展覽抽彩正因現在無法閒情亦無多閒錢
未往出中南海北門赴西四華賓園沐浴又附作
浴畢赴大紅羅廠劉宅至該宅始知劉宇民已
於昨日赴津約星期二回京晚赴李宅楚卿來坐

家偕去，七时始归，仍腊已甚。七时许始归，晚饭后与
芷孙、剑泉、志明、玉明谈，荐孙先辞归。晚习行书，
阅报，十一时半就寝。

十二月十三日　阴历十一月十二日　星期一

晴。八时起，九时赴会。监印派陈（张）佳乃、忱、朱西苓二人，如
自维不甚满意，但又不能拒绝。张专管现金及
保管物品，自应兼之。会计陈晓芳只管帐目，未自
近来对于用人颇有暗斗之意，今日监印管卷
仍未决定。负责之人自己因循误事，殊属出人意表

五时半離会返寓 晚習行書 閲報 十一时寝

十二月十四日 陰歷十一月十二日 星期二

晴 九时赴会 見街上商家、户、一概懸挂五色國旗

傳聞今日中華民國新政權成立 新華门前正忙於

趕搭彩牌樓 中南海内警探、警布汽、車如龍收經

塵而馳 由新華门入 北返豐澤園而東 擾、新要人

集居仁堂開会 及午时飛機散布傳單 慶祝中華

民國臨时政府成立 略云 國民政府不顧東亞之大局

不揣本身之力量 乃冒然与鄰邦歷釁 以遂政節、

共焰化全國為焦土陷民生於塗炭現在其國都南京已告陷落該政府亦已西向地方逃竄政府之機能與形態於是完全喪失但時至今日者不從速反省不思有以挽救危局而徒做抗戰呼號毒害國家殘傷民生其罪大惡極無可言喻矣值此千鈞一髮之危機所有長老名流以及有識之士已不可再以坐視於是集合群思之結果乃毅然奮起組織中華民國臨時政府而實現和平之新局面拯救同胞於水火剷除黨人專制與赤共之

荼毒，将迈上民国新生之坦途，从兹以将我中华
民众即可永享渴望已久之和平复甦之幸福矣
吾人今将高呼全国同胞们团结起来拥护我
们的中华民国临时政府，中华民国临时政府万
岁之声，旋见新政府组织大纲计分议政、行政、司法
三委员会，议政委员会委员长汤尔和，常委王（秘书长）
克敏、朱深、董康、王揖唐、齐燮元，（委员江朝宗、高凌霨）行政委员
会委员长王克敏（行政部长王茧、治安部长齐
茧、文教部长汤茧、法制部长朱茧、实业枚满

同
想
地

部長王揖唐並司法委員會長董康（北京
特別市長江朝宗河北省長並天津市長高
凌霨
北京維持會方面會已內部沒落矣以行政委員會
各委員亦個個喪氣遊魂者若失了父母的嬰兒白
某日不若前面之興高采烈朱之聲委員午後召
集各組主辦宣布轉告同人安心服務不要消極將
來本會委員縱有變動但在下有勞績之職員當不
致有問題與語法上聊以能給大家以心也無該再存

秘書廳

法院

逕序柏有並廿元來以資接濟十一月份經費說来
核准京会又已結束不刻日將陸續遣散
十二月十五日　陰曆十一月十三日　星期三
晴九时赴会報載臨時政府宣言其文如下
國民黨竊據政柄欺罔民衆垂十有餘年矣实
害源臻私欲苛毒内則剝削民生虐政相繼外
則土地日削反覆容共倒行逆施不顧社稷之將
覆猶且不早悔悟捨其虐唾餘為黨萬於一
切之邪說私國家為己有遂致構釁鄰邦同

種相噬，日以焦土抗戰為號召，而百戰百敗，未逾

月而喪其國都，省市幾失其半。夫既自知窮

窳，於何以輕動干戈，業已并戰十年，何以踈弱

至此。頻年以來，託名於國防，而消耗之金錢不

知其幾千億萬，何莫非吾民之膏血，果使涓滴

用於正途，必不致摧枯拉朽，至於此極。其中不

實不堪，無待鈎稽。黨人方且標榜清廉，靦面不

為怪，實則肇生外國，化名存欵，已成公開秘密。

日倡禮義廉恥，而魑魅魍魎，白晝橫行，以盤踞

要津蕩無法紀加以箝制輿論顛倒黑白廣
蓄癡狗狙殺正人此又十餘年來昭然之事實
也首都既失猶復不負責任遁逃不能收拾
嗟我同胞仰而託命同人等習聞天下興亡匹夫有責
責詢謀僉同乃於中華民國廿六年十二月十四
日於北京樹立臨時政府旨在恢復民主國家
湔滌污穢黨治同時絕對排除共產主義
發揚東亞道義輯睦世界友邦開發產業
俾民生向上整[illegible]官權責俾中外相[illegible]安凡從

前政府对外義務業經口諸國民共維附政

府代負其責國民黨府亟宜悟竊共之非

治國民之罪自承失敗引咎下野是非詭詐

以欺政構迷之吾民若復高晚大謬意存掩

飾則陸沉之痛者非口舌所能表故以上所言皆

為國民黨政策之錯誤國民黨中不乏老成

碩望想亦人同此心吾人初無畛域之見甚盼

諸君患然皆東共襄大局均是黃炎子孫

何所用其齮齕天下本為公器尤不許有一所

把持区区此心，乃誓天日，且同人绝经世家耳

此垂暮之年，甘淡泊，何所希图，行宜所在之居

西侯之说，但生为中国人民，不忍坐视神圣四

河山沦逆于暴人之手，以此甘冒大难以求所托

事实略定，我中华民国政治稍有轨道，乃

翛自高蹈，辞袂引去，以徐罪戾。特此宣言。

今两义委，但喜之倫较昨为甚，白某尤权益以为喜密

之大属，次促余维高泽老爱探询一切，全无作坏

塞于所求，赴居仁堂于昨日改府拜谒高泽老正

會日軍官三人在接待室略候，澤老送日客出，全
體隨著出新政府大門，首揖允本諭即赴行轅會談
遂向北步行至近壽一高行轅投刺，幸蒙延見，南將
行政委員会内容故告，並請示北京維持会結束
後本会無所隸屬，將向何處呈報之文，澤老答之
現在諸待創，概未決定，如有要可只好先向新行
政委会呈報。余謂委座將来就河北省長新職，
十九縣既為河北省之十九縣，委座不能置之不問。鄙
意之事亦名分攸關，委長答你們大家著力吧，並將

本會第刊對贈吳錄頒弄表先面呈一份，背書遞會擇
晚擬告白浣亭吾福經過，又將本會委員名單抄
送澤老一份，旅在庭務室見於高二之子表侯名片
一份，地志表侯之子滬傳之業東書，又返遞表高存會
擬閱其言已外出，留片而回。与表侯之告以九年暌違
矣。錢亞民來會，在收發室見之。亞民之擬拜高
澤老，告女行館所在，並派茶役送去，旋歸來見
此代亞民寫上澤老表一件，備晚間往拜，再不逞
兩日之女會慶祝新政府及廣南京滬粵叙机

闔城放假並（下午）赴天安門舉行慶祝大會市民及
中小學生分隊遊行街上八人陸續多娛樂唱及
三海故宮皆開放戲園半價甚熱鬧如吾（亦往看未旅館）赴李
楚卿宅孫劍秋來詢新政府成立情形晚飯後赴
劉宇民宇白處晤王鶴年王晚到白自當西去處
久矣不至宇民門言曰吾又屆搞忙屆言因宇
民與新貴王炳南曾立齋齋之子均舊交故又
來請幫忙宇民素示不熱衷曾許新貴拿功
其經曾立齋薦一枝並告其今午偶來時已向京

澤君報告宇氏已由津返京並轉其語謂其別行館
一談之後經余再四懇恩宇氏始偕王鶴年前往
余及伯在安府坐候十時返回王言宣意約宇氏
幫忙之十時余先辭出向女要楊伯廬山水畫一
幅到府已十二時略用點心二時就寢

十二月十六日　陰曆十一月十四　星期四

晴九時起十時往赴會聞齊三爺已於十時三刻
赴津矣午後開通常會據日頃向粟屋表示明
日北京地方維持會結束本會有請示事項速至特務机

向敵日本人亦以此法說中國委員不可答應作

否則行政委員會不免有失中國機關之場面

但默察委員中頗有不少雖倚仗日人勢力爭

權總位不擇手段其所縱適處痰舊之矣帝

晚飯以後接劉宅電話請余明早八時至其宅代寫

輓聯九件以應

十二月十七日　陰曆十一月十五日　星期五

狂風甚烈九時與劉宇民通電話告以余患有黃

甚惡不能代寫輓聯乃以鈔代煩友人書寫之

即赴大紅羅廠取挽聯及墨汁，並遂出赴老葉街七號訪畫竹盦西，託劉桂芬宇民書挽班禪大師聯一付，余為伸紙幫忙，犯尾共寫畢十點半歸。到會晚涼氣砭骨，遂歸，與宋把和兄寫信，請其代向其表侯子玫致意，蓋其表侯為其隨侍高秉芳長落京未及相會也。

十二月十六 陰曆十一月初六 星期六

晴寒。到會後見財政監理處長，述謂奉令十一月份預算已核定，總數仍為七千六百五十一元，與原

造頭弄去未肯更正本会頃向濱本一人調
回南滿鐵路株式会社服務今又於菱多家濟
別逕白某向借濱本為靠山因共謀於濱本
數月來言談甚從恭順借云濱本之嘉共剥
從彼得以濫竽委員今冰山已倒不知何某處
收物離逕北京維持会近日仍有不結束之謠傳
但今已證實實以停止收費文件當都結束矣
又有能会逕庫擬出以訪字氏旋因身体疾
復停止與茹氏字家往來將來或須西原

咏其物色任彦又以与高右長去稿一件并否
待發十二時就寢
十二月十九日 陰歷十一月十七日 星期日
晴有風氣候甚寒今日為 阿彌陀佛誕辰
午前焚香誦阿彌陀經一卷佛號一千聲茹
素一日午後三時偕赴会為福公子周鎮茶綴
之出取相兩份即出此為近月以來第一次宴飲
星經例例如赴捨飯寺李宅楚卿來在家左
於宅只長房暫借十元即出至騾馬市大街購物用四元

八角時寒風凜冽急歸 晚接宏兒來信言大嫂

來家與其母親商為集進川右銀行事亦言及

四侄一封並與其鄉書信一件未畢 室內爐火

熱之而華氏表僅四十餘度 十二時寢

十二月廿日 陰曆十一月十八日 星期一

晴 由夜狂風至今々未息 天氣嚴寒之為入冬未有

者也 九時三刻赴會 報載高澤畲已於昨晚

返京 新政府各委員會及各部均已組織竟丞

霨在津之新市長職并在市府附設者長公

署筹算处云云。本会各委员仍在徘徊歧路之际，各人单独行动，到处钻营，朱宝尤甚，而自自己既无处可钻而又忌人钻，且官瘾甚大，既无人力又无本领，可笑亦复可怜。闻该缉组宝丰扬会对于本人会务会尚提案也委同庆，不过无结果可言也。自下午归，到会本日则久积件均未办，则会后即每每出席来会，下会后即匆匆出会赴饭局，来去匆匆，莫名其妙耳。傍晚钱亚民来访，谈其个人赔款之结果及进

行活動情形，各代表畫策，下午萍託於曉言
書僑付代表疏錄，首日往訪之，乃專函東延富
風見照、鶴見與菊池會長函，昨日即寄十二月
樓

十二月廿一日　陰曆十一月十九日　星期二

晴　天氣已較前昨兩日爲朗爽，九時餘赴會，本
會十二月份經費已發到，共計七千六百五十一元，
職員亦役服務一個月又廿餘日，尚未領到分文，
茲律現在本會又將結束，同人盼望甚殷，余

遂指导会计员赶办其薪俸续帐职员月支
薪周到会去来批定并将会计造册请示
批示但白总经理组主任任正抢採薪来要到会
经电话请来者有其他要了也此将职员薪水
册送其总务送主席核定又将原册搁置殊
之错当之意而职员既已周知经费领到主席
又屡次催要职员名册而白某不知心怀何意
将册扣置不送回原属医病全体职员去级
薪工列领他处要完全耽搁白某之手其指怨矣

寫聯[illegible]之類屢不免。余遂赴玉門外取冊要出
呈送主席批示。四時已將去後，委員批定，職員
今日批定明日上午照寫矣，再延遲不知之職員
委任狀今日已填寫矣。三時往訪遇委高語言
二公子書侯、彥蒙延見，歡然道故之時，並談行
政委員會及各委員函，書侯一二日告須趕陣一次
擬俟其返京再趕送。吃飯（中）點半回家寫轉班
祥聯照錄後赴華賓園沐浴，晚膳李旋治森葉
水一瓶，晚膳九角。午後回右下牙床忽腫，晚在深塘

同華北徹兩次至兄寺談十一時晋西房

十二月廿二日　陰歷十一月廿日　星期三

晴九時半赴會白國府來出會宥夔揚約會出政務組審查

會議以直隸行政會為又因將北省全省分四大區一京兆二渤海三保定四大名但

統已定哉午後碧青偕廿二載白蘇北宮領市克寒一角來白來閑

通常會頗向之來到會守時赴李林三所定酌頗集士豪也代寫篆書

翰班祥群晉謁戴華夏室化西陸法兩覺旋三七之地驅錫燕京

渡盤谷樹雲來會通大羅天譜同為靜耕雲代擬也今晨又見白宮宸來擬

垂𤇽乾祠佛白崦嵫天人悲痛幸垂不捨乘願再來善上聯用通歷

語也六時緣返房晚飯卓月波來煩代表羅登生一函居停來談十時歸去